Magie-Gesten für Anfänger

Gottheiten-Haltungen, Elemente-Gesten, Runen, Mudras und mehr

Kontakt: www.HarryEilenstein.de
Harry.Eilenstein@web.de
Harry Eilenstein bei youtube

Herstellung und Verlag: BoD – Books on Demand, Norderstedt

ISBN: 9783754379325

Inhaltsverzeichnis

3

I Gesten allgemein

1. Traditionelle Gesten

a) Gesten des Körpers

Gesten sind eine Sprache des Körpers ähnlich der Mimik, der Körperhaltung, des Klanges der Stimme, der Kleidung usw. Sie sind ein Teil der Kommunikation, die die Emotionen, die das, was gesprochen wird, unterstützen, aber auch für sich selber stehen können. So stellt das Ballen einer Faust und das Erheben des Armes mit und ohne Worte eine deutliche Drohung dar.

Gesten sind somit ein Element des Selbstausdrucks und auch des Schauspiels. Die Gestik reicht von unauffälligen Dingen wie der Körperspannung bis zu sehr auffälligen Dingen wie dem panischen Davonrennen.

Alle Gesten enthalten vor allem eine Emotion, während die Sprache vor allem Informationen enthält. Natürlich enthält auch eine Geste eine Information und auch die Sprache kann Emotionen verdeutlichen, aber der Schwerpunkt liegt bei Geste und Sprache woanders.

Da ein Ritual ein Schauspiel ist, das das verdeutlicht, was in magischer Hinsicht geschieht, sind Gesten auch Imaginationshilfen in einem Ritual. Sie können zudem wie die Sprache die Koordination in Gruppenritualen ermöglichen, also dafür sorgen, daß sich alle Teilnehmer des Rituals stets an demselben Punkt der Handlung befinden. Bei einer gemeinsamen Meditation fehlt dieses Element hingegen weitgehend.

b) Lebenskraft-Gesten

Am auffälligsten und meistens auch prägnantesten sind in der Magie die Gesten, die das verdeutlichen, was im Bereich der Lebenskraft geschieht, also z.B. die Geste der Segnung. Bei diesen Gesten ist deutlich, daß sie nicht die pantomimische Nachahmung eines physischen Vorgangs sind, sondern eben die Illustration magischer Vorgänge. So kann z.B. das Handauflegen bei einer Heilung nicht als Darstellung eines physischen Vorganges mißverstanden werden – es handelt sich um eine Kraftübertragung, also um einen Vorgang im Bereich der Lebenskraft.

Andere Gesten, die in der Magie gebräuchlich sind, stellen Vorgänge wie Anrufungen oder das Öffnen eines Tores, also einen Übergang, dar. Es gibt auch komplexere

Gesten wie die Darstellung einer Gottheit mithilfe der typischen Haltung dieser Gottheit wie z.B. die Kreuz-Haltung bei Christus.

Menschen, die Magie erlernen wollen und für die die Darstellung eines inneren, magischen Vorganges durch ein Ritual hilfreich ist, werden daher des öfteren in ihrer Magie Gesten benutzen.

Einige Gesten werden auch in der Meditation benutzt. Sie sind wie in der Magie Hilfen bei der Imagination auf bestimmte Qualitäten und bei der Konzentration auf sie.

c) Gesten in Magie und Meditation

Es gibt mehrere Gruppen von Gesten, die in der Magie und in der Meditation verwendet werden:

- sehr alte Magie-Gesten wie die Segnung,
- pantomimische Darstellungen einer Handlung wie z.B. des Opferns,
- kleine Gesten, die z.B. auf ein Chakra hinweisen,
- traditionelle Gesten wie z.B. die Begrüßung der Erdgeister,
- komplexe Gesten-Systeme wie die Mudras im Yoga,
- eher pantomimische Gesten wie im indischen Tanz,
- Veranschaulichungen des Lebenskraft-Lenkens wie beim Handauflegen,
- pantomimische Darstellungen von Gottheiten
  usw.

Es kommt nun in der Magie natürlich nicht darauf an, möglichst viele Gesten zu kennen und zu verwenden. Es kann jedoch hilfreich sein, einen Grundstock an Gesten zur Verfügung zu haben – falls man überhaupt zu der Verwendung von Gesten als Imaginationshilfe oder als Koordinations-Hilfe in Gruppenritualen neigt.

Man kann sich auch auf die Gesten einer bestimmten Tradition wie dem indischen Tanz, dem Golden Dawn oder den Runen beschränken – man kann natürlich auch einfach schauen, welche Gesten einen ansprechen und welche Gesten man tatsächlich beim Ausüben der Magie auch benutzt. Wenn z.B. Osiris die eigene Schutzgottheit ist, wird man sich sicherlich des öfteren (nicht nur) in Ritualen die Haltung dieses Gottes einnehmen.

Generell kann man sagen, daß Gesten in der Magie nicht unbedingt notwendig sind, aber daß sie sehr hilfreich sein können. Dies gilt insbesondere für die Formen der Magie, die man nicht alleine ausübt, d.h. die man in einer Gruppe (z.B. Einweihungs-

Ritual), mit einem Ratsuchenden (z.B. Heilung) oder mit einer Schar von Nicht-Magiern (z.B. Segnung einer Gruppe) durchführt.

Es ist ausgesprochen förderlich, sich im Folgenden die Bilder der Gesten nicht nur anzuschauen, sondern sie auch kurz selber durchzuführen, da man dadurch ein viel klareres Gefühl für diese Gesten erhält und ihre Wirkung spüren kann.

Generell hat jede Handhaltung (Mudra) oder Körperhaltung (Asana) eine Wirkung, da bei jeder Haltung bestimmte Chakren mehr im Zentrum stehen als andere. Allerdings haben markante oder symmetrische Haltungen im Allgemeinen eine stärkere Wirkung als diffuse und asymmetrische Haltungen.

Eine weitere Wirkung der Gesten liegt auch in der Tradition, die mit ihnen verbunden ist – wenn eine Geste seit Jahrhunderten dafür verwendet worden ist, um Vishnus Adler Garuda zu rufen, geht man mit dieser Tradition und folglich auch mit Garuda in Resonanz, wenn man diese Geste benutzt.

Gesten erden, verankern und legen fest – sie setzen sozusagen einen Punkt oder ein Ausrufezeichen hinter einen Satz.

Man kann das Sprechen als das Element Luft auffassen, das Singen als das Element Feuer, die Gefühle als das Element Wasser, und die Gesten als das Element Erde.

d) Gesten-Geschichten

Es gibt auch komplexere Formen von Gesten, die sozusagen Gesten-Sätze sind oder ganze Gesten-Geschichten.

Solche Gesten-Sätze, also Folgen von Gesten, die zusammengehören, kommen z.B. in Segnungen vor: Erst werden die Arme erhoben, um Lebenskraft von einer Gottheit zu rufen, danach werden die Handflächen auf das gerichtet, was den Segen erhalten soll.

Eine Gesten-Geschichte entsteht z.B. dann, wenn mehrere Menschen gleichzeitig verschiedene Gottheiten invozieren (anrufen), wobei diese Gottheiten jedoch alle Teil derselben Mythe oder Szene sind – wenn sie z.B. alle in dem ägyptischen Jenseitsgericht auftreten. In einem solchen Fall wird durch die Invokation von Osiris, Anubis, Thot, Ma'at, Horus, Ammut, Isis und Nephthys durch acht Magier und Magierinnen zugleich diese gesamte Mythe „invoziert".

e)   Die Vielfalt der Gesten

Es gibt natürlich keine bestimmte, feste, begrenzte Anzahl von magischen Gesten, also nicht z.B. die „108 Gesten der Zauberkunst" oder ähnliches. Gesten können neu erschaffen werden, aus Alltags-Gesten können Magie-Gesten werden, aus der typischen Haltung einer Gottheit oder aus typischen Tätigkeit einer Gottheit kann eine Geste abgeleitet werden, die diese Gottheit symbolisiert usw.

Gesten sind eine fließende Vielfalt, in der ständig manche Gesten in Vergessenheit geraten, neue hinzukommen und mache Gesten wichtiger als andere sind.

Es ist also nicht verkehrt, auch das Thema „Gesten in der Magie" auf eine kreative Weise anzugehen.

In diesem Buch werden nur die Gesten beschrieben, die in der Magie eine Bedeutung haben können – also z.B. nicht „das Kratzen am Kopf", das Verlegenheit oder Nachdenklichkeit symbolisiert.

Aus dem eben Gesagten ergibt sich auch, daß dieses Buch keine vollständige Liste und Beschreibung aller Gesten enthält, die jemals in der Magie verwendet worden sind, sondern nur eine große Anzahl von Gesten aus verschiedenen Kulturen, die das Prinzip der magischen Gesten verdeutlichen sollen.

Ich habe zwar danach gestrebt, die wichtigsten Gesten in dieses Buch mitaufzunehmen, aber da dieses Thema derartig komplex ist, werden mit Sicherheit eine Menge Gesten fehlen, die eigentlich auch in dieses Buch gehört hätten. Aber ich hoffe, daß es genügend Gesten enthält, um das Prinzip der Geste in der Magie deutlich zu machen und um eine ausreichend große Auswahl an Gesten für den Anfänger bereitzustellen.

Es war auch notwendig, sich auf eine kleine Auswahl an Gesten zu beschränken, da es z.B. schon alleine im indischen Tanz ca. 500 verschiedene Gesten gibt. In diesem Buch finden sich daher nur die Gesten, die mit einiger Wahrscheinlichkeit in der Magie sinnvoll verwendet werden können.

Man kann natürlich auch jederzeit neue Gesten erfinden – sie sollten verständlich sein und vor allem das, was man tut, wirksam unterstützen. So kann man z.B. Gottheiten oft durch eine für sie typische Körperhaltung, Handlung oder Geste darstellen.

f) Die Sortierung der Gesten

Man kann die Gesten nach ihrer Herkunft, nach ihrer Verwendung, nach dem Dargestellten, nach dem Körperteil, mit dem sie ausgeführt werden, nach ihrer Wichtigkeit in der Magie und noch nach einigen anderen Gesichtspunkten ordnen.

Da es in dem vorliegenden kleinen Buch darum geht, die Vielfalt der Verwendung von Gesten in der Magie zu zeigen und diese Gesten dadurch für Rituale u.ä. verfügbar zu machen, erscheint die Sortierung der Gesten nach ihrer Anwendung zunächst am sinnvollsten.

Allerdings ist es nicht immer einfach zu bestimmen, welche Gesten eine gut erkennbare Gruppe bilden, sodaß die Sortierung nach der Verwendung zu einer große Anzahl von kleinen Gesten-Gruppen führt. Weiterhin werden manche Gesten offensichtlich als Gruppe empfunden wie z.B. die Mudras im Yoga, die Haltungen der ägyptischen Götter oder die Elementargeister-Grüße des Golden Dawn.

Daher findet sich in diesem Buch eine „gemischte Sortierung", die die einzelnen Gesten so in Gruppen zusammenfaßt, daß sie möglichst leicht auffindbar und in ihrem Zusammenhang mit anderen, ähnlichen Gesten erkennbar sind.

Die oft sehr anschaulichen Haltungen der linken Hand des Dirigenten, die die Stimmung der Stelle des Musikstückes beschreibt, sind so individuell (und meines Wissens bisher auch noch nirgendwo zusammengefaßt worden), daß hier nur sehr wenige von ihnen mit aufgenommen werden konnten.

Während die linke Hand des Dirigenten für die Emotionen zuständig ist, gibt seine rechte Hand den Takt an.

2. Analytische Gesten-Kunde

a) Die Grundlage der analytischen Betrachtung

Die Hand-Gesten sind auch unter ihrer indischen Bezeichnung „Mudra" bekannt – die Körper-Gesten werden in Indien „Asana" genannt.

Die Wirkungen der Hand-Gesten und der Körper-Gesten lassen sich auch analytisch herleiten. Da ihre Wirkung nicht auf dem physischen Körper beruht, sondern auf der Lebenskraft, d.h. auf den Vorgängen in dem Lebenskraft-Körper, lassen sich die Wirkungen der Mudras und Asanas von der Lage der „Organe" des Lebenskraftkörpers bei diesen Gesten ableiten. Diese Lebenskraft-Organe sind zunächst einmal die sieben Hauptchakren, aber dann auch die Nebenchakren sowie die „Lebenskraft-Adern", also die Nadis und die Akupunktur-Meridiane.

Um die einzelnen Mudras und Asanas auf analytische Weise betrachten zu können, ist es notwendig, die Chakren im Körper und die Qualitäten der einzelnen Teile der Hand (insbesondere die Finger) zumindest im Groben zu kennen. Dazu folgen nun zwei Übersichten mit den wichtigsten Qualitäten der Chakren und der Finger.

Erfreulicherweise stimmen hier die Erkenntnisse des indischen Yoga, des tibetischen Rang Dröl, der traditionellen chinesischen Medizin, der abendländischen Astrologie, der Handlesekunst der Zigeuner, der neugermanischen Runen usw. weitgehend miteinander überein, sodaß man davon ausgehen kann, daß diese Lebenskraft-Qualitäten an den betreffenden Körperstellen auch tatsächlich vorhanden sind. Diese Annahme wird dadurch bestätigt, daß die auf diesen Qualitäten beruhenden Beschreibungen der Mudras und Asanas ausgesprochen gut funktionieren, d.h. daß sie zutreffend sind.

b) Die Qualität der Chakren

Chakren				
Chakra	*Lage*	*generelle Qualität*	*Symmetrie*	*spezielle Qualität*
Scheitelchakra	auf dem Kopf	geistiger Kontakt		Hingabe, Altruismus, Religion
Drittes Auge	zwischen den Augenbrauen	geistige Orientierung		Ausrichtung, Denken, Zielgerichtetheit
Halschakra	Halsmitte	sozialer Selbstausdruck		sprechen, sich zeigen, teilnehmen
Herzchakra	Brustmitte	Identität		sich kennen, sich lieben, sich treu sein
Sonnengeflecht	unter dem Rippenbogen	körperlicher Selbstausdruck		sich frei bewegen, strahlen, begeistert
Hara	unter dem Nabel	körperliche Orientierung		standfest, tanzen, im Rhythmus leben
Wurzelchakra	zwischen Genitalien und After	körperlicher Kontakt		lebendig, leidenschaftlich, lustvoll

Eine ausführliche Beschreibung der Chakren und der Nebenchakren findet sich in meinem Buch „Das Chakrensystem mit den Nebenchakren". Für das grundlegende Verständnis der Wirkung der Körperhaltungen genügt jedoch zunächst einmal die oben angeführte Übersicht.

c) Die Qualitäten der Hand

Die Hand							
Hand-Teil	Ele-ment	Planet	Chakra	Akupunktur-Meridian	Organ	Emotion	Mudra
Daumen	Feuer	Mars	Hara	Lunge	Magen, Milz	gegen Sorgen, Einsamkeit, Schüchternheit; für Selbstwert, Durchsetzung	Agni-Mudra
Zeige-finger	Luft	Jupiter	Hals-chakra	Dickdarm	Niere, Blase	gegen Angst, Unsicherheit, Mutlosigkeit; für Mut	Vayu-Mudra
Mittel-finger	Licht	Saturn	Sonnen-geflecht	Blut und Kreislauf	Leber, Galle	gegen Wut; für Gelassenheit Verantwortung	Akasha-Mudra: Stille
Ring-finger	Erde	Sonne (Apollo)	Drittes Auge	Dreifacher Erwärmer	Lunge, Dick-darm	gegen Trauer; für Freude Beziehungen	Prithivi-Mudra
Kleiner Finger	Wasser	Merkur	Herz-chakra	Dünndarm	Herz, Dünn-darm	gegen Übereifer, Streß; für Entspannung Kommunikation	Varuna-Mudra
Hand-mitte		Erde	Scheitel-chakra			für Harmonie, Urvertrauen	
Daumen-ballen		Mars				für Kraft	
Seiten-ballen		Mond				Unterbewußtsein	
Hand-gelenk		die „Ringe des Saturn"	Wurzel-chakra			Kollektives Unterbewußtsein	

Die Qualitäten der Finger werden im Folgenden noch einmal kurz zusammengefaßt, damit sie übersichtlicher werden:

- Der Daumen hat die feurige Kraft des Mars und stärkt das Hara, wodurch er hilft, sich tatkräftig durchzusetzen und dadurch auch Kontakte zu anderen Menschen zu finden – unbekümmerter Egoismus.

- Der Zeigefinger hat das Organisationstalent des Jupiters und gestaltet das eigene Leben und auf luftig-kreative Weise, er hilft Ängste aufzulösen und sich selber anderen zu zeigen – hemmungslose Selbstverwirklichung.

- Der Mittelfinger ist das bewußte Formen des Saturn, das jede Wut auflöst, die durch Hindernisse entstanden ist, und dabei hilft, wieder zu einem gelassenen, aber auch selbstgestalteten Fließen zu finden – freudige Lebensbejahung.

- Der Ringfinger ist der geerdete, sonnige Kontakt zu anderen, durch die das Dritte Auge jede Trauer überwindet und wieder durch die Beziehungen Freude entstehen läßt – herzliche Begegnungen.

- Der Kleine Finger ist das gesprächige und vielfältige, aber stets vom Herzen ausgehende Fließen, durch das der Merkur jeden Streß abbaut und wieder Entspannung herstellt – fröhliche Neugier.

- Der Daumenballen ist das „Kraft-Lager" des Daumens.

d)   Beispiele für die analytische Mudra-Betrachtung

Die Weise, wie die Wirkung von Mudras entsteht, läßt sich am einfachsten an ein paar einfachen Beispielen beschreiben.

Da der Daumen der Energiespender ist, läßt sich daran, welchen anderen Finger der Daumen bei einem Mudra berührt, erkennen, welcher Finger durch dieses Mudra mit Energie, d.h. mit Lebenskraft aufgeladen wird.

Agni-Mudra

Agni-Mudra

Beschreibung: die Finger sind ausgestreckt, der Mittelfinger berührt den Daumenballen

Symbolik/Zweck: fördert den Feuer-Aspekt der Lebenskraft; erwärmt, macht aktiver

Wirkungsweise: Da der Daumen sich nicht selber berühren kann, ist diese Berührung des Daumenballens die beste Annäherung an eine Förderung des Daumens.

Herkunft: Yoga

Anmerkungen: Dies ist ein Feuer-Mudra – der Daumen und der Daumenballen entsprechen dem Element Feuer.

Jnana-Mudra

Jnana-Mudra

Beschreibung: die Finger sind ausgestreckt, der Daumen berührt den Zeigefinger

Symbolik/Zweck: fördert den Luft-Aspekt der Lebenskraft; macht wacher, bewußter und führt zu Erkenntnissen und führt zu einer klaren Ausrichtung im Leben

Wirkungsweise: Das Feuer des Daumens stärkt die Luft des Zeigefingers.

Herkunft: Yoga

Anmerkungen: Luft-Mudra

Akasha-Mudra

Akasha-Mudra

Beschreibung: die Finger sind ausgestreckt, der Daumen berührt den Mittelfinger

Symbolik/Zweck: fördert den Licht-Aspekt der Lebenskraft; weitet, macht leichter, hilft sich auszudehnen und sich selber zu verwirklichen

Wirkungsweise: Das Feuer des Daumens stärkt das Licht des Mittelfingers.

Herkunft: Yoga

Anmerkungen: Licht-Mudra

Prithivi-Mudra

Prithivi-Mudra

Beschreibung: die Finger sind ausgestreckt, der Daumen berührt den Ringfinger

Symbolik/Zweck: fördert den Erd-Aspekt der Lebenskraft; Erdung, Stabilität, Selbstvertrauen

Wirkungsweise: Das Feuer des Daumens stärkt die Erde des Ringfingers.

Herkunft: Yoga

Anmerkungen: Erd-Mudra

Varuna-Mudra

Varuna-Mudra

Beschreibung: die Finger sind ausgestreckt, der Daumen berührt den Kleinen Finger

Symbolik/Zweck: fördert den Wasser-Aspekt der Lebenskraft; Einfühlungsvermögen, fließen lassen, emotionale Beweglichkeit und Neugier

Wirkungsweise: Das Feuer des Daumens stärkt das Wasser des Kleinen Fingers.

Herkunft: Yoga

Anmerkungen: Wasser-Mudra

Segens-Mudra

Segens-Mudra

Beschreibung: der Daumen, der Zeigefinger und der Mittelfinger sind ausgestreckt, der Ringfinger und der Kleine Finger sind eingerollt

Symbolik/Zweck: Segnen, Prägen der Lebenskraft

Wirkungsweise: Das Feuer des Daumens, die Luft des Zeigefingers und das Licht des Mittelfingers werden zu einer beweglichen (Luft) Verbindung von Licht (Mittelfinger) und Feuer (Daumen) vereint und können bewußt (Licht) die Lebenskraft (Daumen) in der gewünschten Weise (Luft) gestalten.

Diese Geste ist am wirksamsten, wenn der Daumen fest an dem Zeigefinger anliegt und nicht (wie auf der Abbildung der Hand eines katholischen Priesters) leicht abgespreizt ist.

Man spürt einen deutlichen Unterschied wenn man z.B. einen imaginierten Schutzkreis durch das Ziehen mit der Segensgeste erschafft oder wenn man ihn z.B. nur mit dem Zeigefinger oder mit der ganzen Hand zieht. Es lohnt sich, einen einfachen Vorgang wie das Ziehen eines Schutzkreises mit verschiedenen Handgesten durchzuführen, da man dabei den Unterschied zwischen den einzelnen Gesten spüren kann.

Herkunft: weit verbreitet

- - -

Die meisten Mudras sind natürlich komplexer als nur „Berührung zweier Finger", aber das Grundprinzip ist immer dasselbe.

Neben dieser analytisch erfaßbaren Wirkung einer Geste gibt es auch noch die Gruppe der pantomimischen Mudras, die z.B. eine Lotusblüte oder den Kopf eines Stieres oder Yaks darstellen. Bei diesen Mudras wirkt natürlich auch die Assoziation zu der Lotusblüte oder zu den Yak-Hörnern mit.

Schließlich gibt es noch Gesten, bei denen bewußt durch eine Imagination die Lebenskraft gelenkt wird wie z.B. bei Segnungen, Heilungen oder Flüchen.

e)   Beispiele für die analytische Asana-Betrachtung

Für die Asanas, also für die Körperhaltungen, gilt dasselbe wie für die Mudras, also für die Handgesten: Die Wirkung beruht 1. auf dem Kontakt zwischen Körperteilen, 2. auf den Assoziationen und 3. auf der bewußten Lenkung der Lebenskraft.

Das läßt sich anhand von drei Runenhaltungen veranschaulichen:

Thorn-Rune

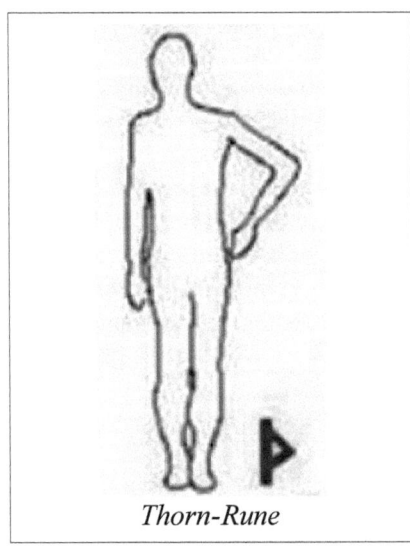

Thorn-Rune

Beschreibung: aufrecht, die rechte Hand wird auf die rechte Hüfte gelegt, der Ellenbogen weist nach außen

Symbolik/Zweck: Das Handchakra der Hand, die auf der Hüfte liegt, betont das Hara, das sich kurz neben der Hand befindet, und fördert dadurch dessen Aktivität. Die Thorn-Haltung fördert somit die Standfestigkeit. Diese Runen-Haltung ist vor allem von wütenden Frauen bekannt, die oft beide Hände in ihre Hüften stemmen, wenn sie zu schimpfen beginnen – diese Doppel-Thorn ist ausgesprochen effektiv ...

Wirkungsweise: Bei der Haltung der Thorn-Rune wirkt die Nähe zwischen Handchakra und Hara.

Herkunft: Deutschland/Österreich um ca. 1880

Man-Rune

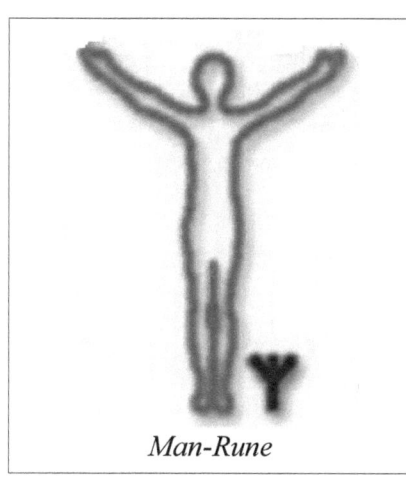

Man-Rune

Beschreibung: aufrecht, beide Arme seitlich nach oben hin ausstrecken

Symbolik/Zweck: Anrufungs-Geste, Bitte um Rat, Vision, Hilfe, Heilung usw.

Wirkungsweise: Hier wirkt die Assoziation der Haltung der Man-Rune zu einem empfangenden Kelch. Vermutlich gibt es auch noch die Assoziation des Kindes, daß seine Arme zu seiner Mutter oder zu seinem Vater emporstreckt, um von ihnen auf den Arm genommen zu werden.

Herkunft: Deutschland/Österreich um ca. 1880

Fa-Rune

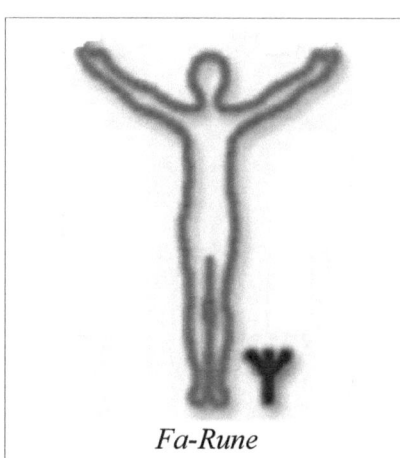

Fa-Rune

Beschreibung: aufrecht, beide Arme nach vorne und leicht nach oben, der linke Arm ist ein bißchen höher als der rechte; die Hände sind nach oben hin abgewinkelt, die Handflächen weisen nach vorne auf eine Statue, auf die Sonne, den Mond usw.

Symbolik/Zweck: Durch die Handchakren wird die Lebenskraft, die z.B. von der Sonne ausgestrahlt wird, aufgenommen. Dadurch werden die Handchakren aktiviert und können als Druck, Drehen und Pulsieren wahrgenommen werden.

Wirkungsweise: Hier wirkt die Imagination des „Trinkens" der Sonnenstrahlen durch die Handchakren, d.h. im Grunde die Wahrnehmung und dadurch Verstärkung des Flusses der Lebenskraft von der Sonne zu dem Menschen.

Herkunft: Deutschland/Österreich um ca. 1880

II Die einzelnen Gesten

Die Beschreibungen der einzelnen Gesten sind der Übersichtlichkeit halber stets auf dieselbe Weise geordnet, wobei natürlich nur die Punkte angeführt werden, zu denen es bei der betreffenden Geste auch etwas zu sagen gibt.

Diese sieben Punkte sind:

- Bild
- Beschreibung
- Symbolik/Zweck
- Wirkungsweise
- Name
- Herkunft
- Anmerkungen

A Darstellung von Vorgängen in der Lebenskraft

Diese Gruppe von Gesten ist in der Magie, in der Heilung und in der Meditation, also bei allen Vorgängen, die die Lebenskraft prägen oder lenken, die wichtigste Gruppe von Gesten.

1. freundliche Begegnung

a) offene Hand

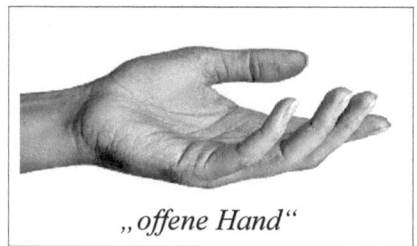

„offene Hand"

Beschreibung: Handfläche nach oben, „offene Hand"; zur Verstärkung auch mit beiden Händen möglich

Symbolik/Zweck: Vertrauen, Offenheit, Zustimmung

Wirkungsweise: Assoziation zur Geste des Gebens und Nehmens, d.h. zur Freundlichkeit; die Hand ist entspannt und ungeformt, d.h. in keinem bestimmtem Mudra und somit offen für das, was jetzt kommen mag

Herkunft: allgemein üblich, auch bei Primaten

b) jemandem die Hand reichen

jemandem die Hand reichen

Beschreibung: In der Regel reichten sich beide die rechte Hand.

Symbolik/Zweck: Gruß, Ausdruck von Verbindlichkeit, Vertragsabschluß bekräftigen („Hand drauf!"); in der Magie eher unüblich

Wirkungsweise: Kontakt zwischen den Handchakren und somit eine Verbindung

Herkunft: weit verbreitet

c) Banner

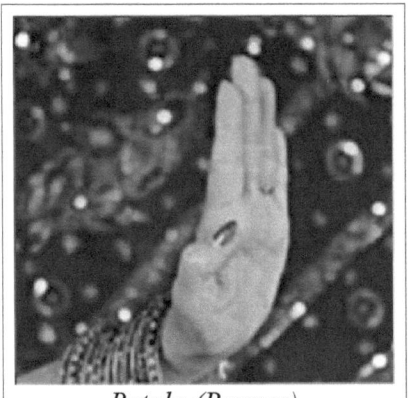

Patala (Banner)

Beschreibung: Handfläche nach vorne, Finger zusammen, Daumen angewinkelt auf den Zeigefinger-Ballen

Symbolik/Zweck: drückt Wohlwollen und Macht aus; bekräftigt ein Versprechen

Wirkungsweise: Zeigen der Handfläche = Offenheit; Gleichrichtung der Finger = Aufrichtigkeit; den Daumen (Kraft) einwinkeln = die eigene Kraft zurückhalten = Frieden

Herkunft: indischer Tempeltanz

d) Gruß

Anjali (Begrüßung)

Beschreibung: Hände vor der Brust mit den Handflächen zusammenlegen

Symbolik/Zweck: Gruß, Frieden, Betonung des Herzchakras

Wirkungsweise: die eigenen Handchakren liegen aufeinander = keine Aktivität nach außen = Zurückhaltung, Frieden; die Finger sind alle gleichgerichtet = Aufrichtigkeit

Herkunft: indischer Tempeltanz, aber auch ansonsten weit verbreitet

Anmerkung: wird auch „Namaste" genannt; diese Geste ist auch ein Mudra des Buddha Avalokiteshvara

e) Kung Fu Gruß

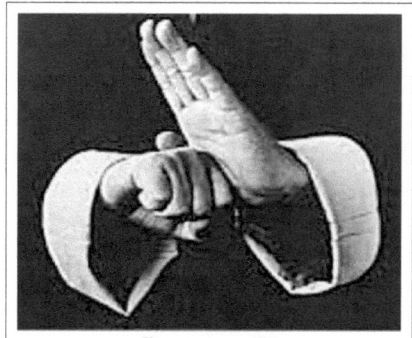

Baoquan Li

Beschreibung: die rechte Faust liegt in der linken Hand, deren Handfläche zu der Faust weist; beides ist kurz vor der Brustmitte

Symbolik/Zweck: Gruß im Kung Fu u.ä., drückt Respekt vor den anderen aus; entspricht der Meditationsgeste, bei der die rechte Hand (Stärke) in der linken Hand (Weisheit) liegt

Wirkungsweise: Die Kraft der Faust der rechten Hand wird von der Weisheit der linken Hand geleitet. Diese Geste findet sich auch bei Buddha, wenn bei seiner Meditation seine rechte Hand der Stärke in seiner linken Hand der Weisheit liegt.

Herkunft: Kung Fu

Anmerkung: Die Art, wie sich Faust und Handfläche treffen, variiert sehr stark.

f) Friedenszeichen

Friedenszeichen

Beschreibung: die Faust wird emporgehalten, Zeigefinger und Ringfinger werden emporgestreckt und bilden ein „V"

Symbolik/Zweck: ursprünglich stand das „V" für „Victory" („Sieg"); in der Hippiezeit wurde diese Geste zu dem Friedenszeichen, das auch die heutige Bedeutung dieser Geste ist

Wirkungsweise: allgemeine Übereinkunft der Bedeutung

Herkunft: Militär in den USA, durch die Hippies umgedeutet

g) jemandem beide Hände reichen

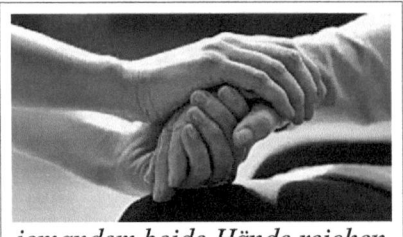

jemandem beide Hände reichen

Beschreibung: wie das normale Händereichen, nur legt einer jeweils noch die linke Hand auf die rechte Hand des anderen, der diese Geste dann evtl. noch mit seiner linken Hand erwidert, sodaß sich dann vier Hände halten

Symbolik/Zweck: große Verbindlichkeit, emotionale Verbundenheit, Aufnahme in eine Gemeinschaft; in der Magie eher unüblich

Wirkungsweise: Verbindung zwischen den Handchakren = Kontakt, Anteilnahme, Mitgefühl, Hingezogensein

Herkunft: weit verbreitet

h) Kontakt aufbauen

Kontakt herstellen

Beschreibung: Beim Tanz die Handflächen zu dem anderen wenden und im Rhythmus die Arme und somit die Handfläche dem anderen entgegenschieben und wieder fortschieben.

Symbolik/Zweck: Kontaktaufnahme auf Distanz; wenn zwei Tänzer diese Gesten zueinander hin machen, entsteht eine deutlich spürbare Lebenskraft-Spannung zwischen den Handchakren des einen Tänzers und den Handchakren des anderen Tänzers

Wirkungsweise: Kontaktaufnahme zwischen den Handchakren von zwei Personen; dies geschieht zunächst auf Abstand (meist ein bis zwei Meter)

Herkunft: Afrika

i) Band der Freundschaft

Kilaka (Band der Freundschaft)

Beschreibung: zwei Fäuste, rechte Faust unten, linke Faust oben; die beiden Kleinen Finger haken ineinander
Symbolik/Zweck: Freundschaft
Wirkungsweise: Kontakt zwischen den zwei Kleinen Fingern, deren Qualität Bewegung, Begegnung, Kommunikation ist, also die Elemente, die in einer Freundschaft wichtig sind
Herkunft: indischer Tempeltanz

j) Hände mit Blumen

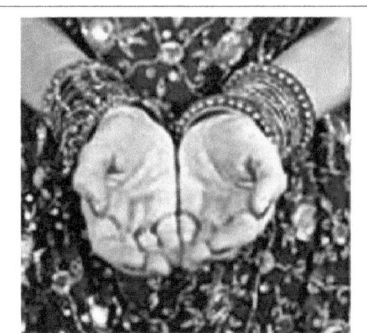

Pushpaputa
(zwei Hände voll Blumen)

Beschreibung: die beiden Hände bilden eine Schale
Symbolik/Zweck: zwei Hände voll Blüten, Geschenk, Opfer, Freundlichkeit
Wirkungsweise: Assoziation zum Geben
Herkunft: indischer Tempeltanz

k) Lei

Lei (Blumenkranz)

Beschreibung: einem Gast o.ä. einen Blumenkranz umlegen
Symbolik/Zweck: Willkommen
Wirkungsweise: Geschenk; Schmücken des Halschakras, das für soziale Kontakte zuständig ist
Herkunft: Hawaii

l) Khata

Khata (weißes Seidentuch)

Beschreibung: Schenken und Umhängen (um die Schultern) eines weißen Seidentuchs
Symbolik/Zweck: Willkommen; symbolisiert Reinheit
Wirkungsweise: Geschenk; Schmücken des Halschakras, das für soziale Kontakte zuständig ist
Herkunft: Tibet

m) Kuß

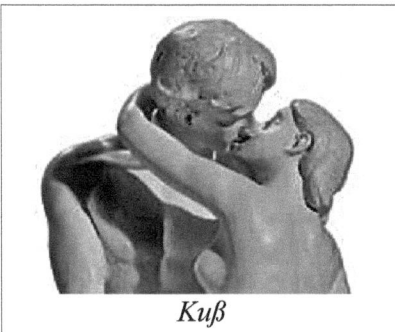

Kuß

Beschreibung: Die Lippen des einen berühren die Hand, die Wange, die Stirn oder den Mund des anderen, wobei der Kuß manchmal auch nur ange-deutet wird.
Symbolik/Zweck: Ausdruck von mehr oder weniger intimer Verbundenheit.
Handkuß: Vornehme Begrüßung einer Frau durch einen Mann; Ausdruck der Ehrerbietung gegenüber einem Geistlichen.
Wangenkuß: Ausdruck von meist freundschaft-licher oder weltanschaulicher Verbundenheit.
Stirnkuß: Ausdruck meist spiritueller Verbundenheit.
Mundkuß: Meistens Ausdruck intimer erotischer Verbundenheit.
Wirkungsweise: Der Mund nimmt das auf, was förderlich ist – also ein inniges Willkommen; evtl. auch eine Assoziation zum Gestilltwerden
Herkunft: weit verbreitet

2. Lebenskraft heraufrufen

a) Lebenskraft

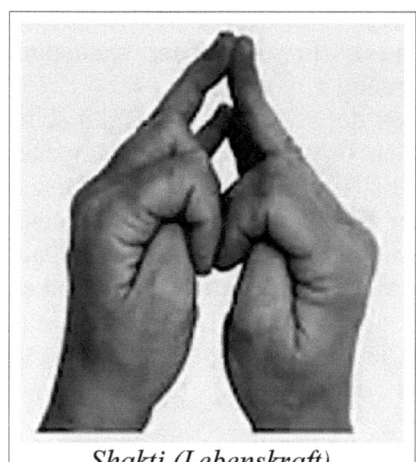

Shakti (Lebenskraft)

Beschreibung: zwei Fäuste mit den Fingern aneinander, Daumen unter Zeigefinger und Mittelfinger; Ringfinger und Kleiner Finger leicht zur Seite gespreizt – sie berühren sich gegenseitig mit den Fingerkuppen

Symbolik/Zweck: beruhigt und entspannt, stärkt das Hara (Svadhistana Chakra)

Wirkungsweise: Die Kraft des Daumens wird von der Bewußtheit des Mittelfingers (Licht) und von der Beweglichkeit des Zeigefingers (Luft) auf kreative Weise gelenkt. Die Gefühle des Kleinen Fingers (Wasser) und die dauerhafte Gestaltung der Ringfinger (Erde) werden durch das Aneinanderlegen der beiden Fingerpaare koordiniert.

Herkunft: Yoga

Anmerkungen: Shakti ist die Verkörperung der Lebenskraft als Göttin und Gefährtin des Shiva.

b) das Heraufrufen der Kundalini

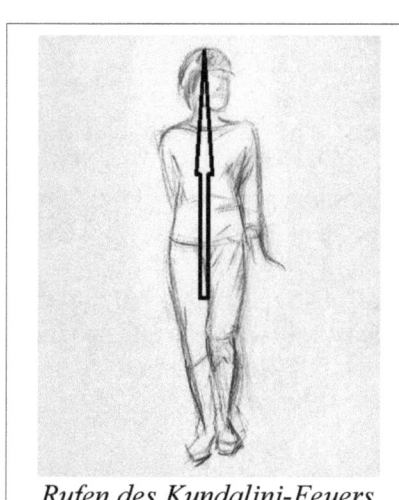

Rufen des Kundalini-Feuers

Beschreibung: den linken Arm nach unten zur Erde hin ausstrecken (Kontakt nach unten); dann mit der Hand eine Linie vor dem Körper entlang nach oben hin ziehen (das Fließen von Licht von unten nach oben durch den Körper imaginieren); die Bewegung endet, wenn die Hand an dem ausgestreckten Arm nach oben über den Scheitel hinauf zeigt (Emporziehen der angerufenen Kraft)

Symbolik/Zweck: Heraufrufen des Erdfeuers, Wecken der Kundalini

Wirkungsweise: Lenken der Lebenskraft

Herkunft: als Imagination vermutlich schon seit mindestens 9500 v.Chr., da es bereits in Göbekli Tepe eine reichhaltige Kundalini-Symbolik gab

31

c) Kundalini

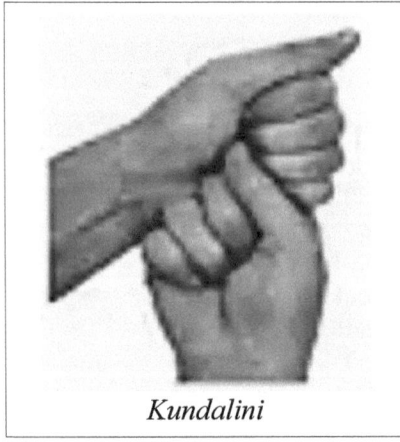

Kundalini

Beschreibung: zwei Fäuste, die rechte Faust liegt so in der linken Faust, daß der rechte Daumen zwischen dem Ballen und den Fingerspitzen der linken Hand liegt

Symbolik/Zweck: Erwecken der Kundalini, Konzentration, Erdung

Wirkungsweise: der rechte Daumen gibt seine Lebenskraft an den linken Daumenballen weiter und verstärkt so die Kraft in dem linken Daumen, der den Kopf der Kundalini-Schlangen darstellt. Der Fluß der Lebenskraft geht vom rechten Daumenballen über den rechten Daumen, den linken Daumenballen und den linken Daumen in einer Schlangenlinie. Die Lebenskraft fließt also – so wie es im Feng Shui beschrieben wird – als „weiches Chi".

Herkunft: Yoga

d) Kontakt zur Erde

Kontakt zur Erde

Beschreibung: leicht gebeugter Körper, die Arme angewinkelt; die zur Erde gewandten Handflächen machen abwechselnd eine schiebende Bewegung und ein wieder-Zurückziehen (ähnlich wie die Bewegungen, die kleine Kätzchen auf dem Bauch ihrer Mutter machen, wenn sie von ihr gestillt werden wollen)

Symbolik/Zweck: eine Spannung und somit einen Kontakt zur Erde aufbauen, Erschaffung einer Lebenskraft-Schnur zur Erde (ähnlich wie die Geste „1.h" mit dem Namen „Kontakt aufbauen")

Wirkungsweise: Die Handchakren nehmen Kontakt zu der Lebenskraft der Erde auf, wodurch die Handchakren bewußt werden können.

Herkunft: Afrika

e) Stampfen

Stampfen

Beschreibung: leicht angewinkelter Körper, leicht angewinkelte Knie (Grundhaltung beim Judo und anderen östlichen Kampfsportarten); mit den Füßen rhythmisch im Tanz auf den Boden stampfen

Symbolik/Zweck: Erdung, innerer Halt, Förderung des Haras, sich mit Lebenskraft aufladen

Wirkungsweise: Die Tänzer konzentrieren sich durch das Stampfen nach unten hin, verbinden sich mit der Erde und fördern dadurch ihr Sonnengeflecht, ihr Hara und ihr Wurzelchakra. Man sollte es einfach einmal ausprobieren, wie sich dieses Stampfen z.B. im Gegensatz zu dem „schwebenden" Klassischen Ballett anfühlt.

Herkunft: Afrika

f) Drache

Vir-Asana (Held, Drache)

Beschreibung: auf den Schienbeinen sitzen; evtl. die Arme so heben, daß die Hände neben dem Kopf sind, Handflächen zum Kopf (links ist eine neuere Version mit ausgestreckten Armen abgebildet)

Symbolik/Zweck: Wecken der Kundalini, den Kreislauf der Lebenskraft im Körper anregen

Wirkungsweise: Die Lebenskraft fließt der Anordnung der Zonen im Neocortex (Großhirnrinde) entsprechend von den Genitalien in die Fußchakren, weiter die Beine und den Rücken hinauf bis zum Hinterkopf und dem Scheitel, dann durch die Schultern und die Arme und von dort ins Gesicht und dann innen im Körper wieder bis ins Wurzelchakra.

Für eine genauere Beschreibung dieses Lebenskraft-Kreislaufes siehe evtl. mein Buch „Kundalini für Anfänger".

Herkunft: Indogermanen (von den Indern und von den Germanen bekannt)

g) Ur-Rune

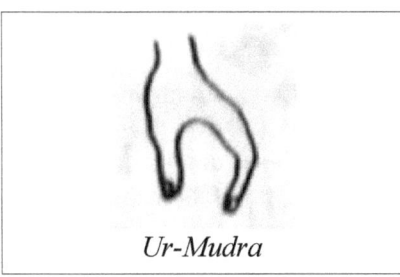

Ur-Rune

Beschreibung: aufrecht stehen, den Rumpf vornüber beugen, die Arme nach unten

Symbolik/Zweck: ursprünglich: Ur = Wasser/ Stier; Heilung; heute: Erdung, Heilung, Beruhigung

Wirkungsweise: Nachahmung der Form der Rune und dadurch eine Assoziation zu ihrer Bedeutung. Kontakt der Handchakren zur Erde, also ähnlich wie bei dem Stampfen und der Kontaktaufnahme zur Erde im afrikanischen Tanz.

Herkunft: Deutschland/Österreich um ca. 1880

Anmerkungen: Laut „u"; Name: „uruz" (Auerochse) und „uram" (Wasser)

h) Ur-Mudra

Ur-Mudra

Beschreibung: Hand nach unten, Daumen gerade nach unten, Handfläche abgewinkelt, Finger parallel zum Daumen gerade nach unten

Symbolik/Zweck: Verstärkung der Ur-Rune

Wirkungsweise: Nachahmung der Form der Rune und dadurch eine Assoziation zu ihrer Bedeutung. Der Daumen auf der einen Seite und die vier aneinanderliegenden Finger auf der anderen Seite bilden einen „warmen Raum" zwischen sich, der die Geborgenheit fördert – was eine Eigenschaft der Erde ist.

Herkunft: Deutschland/Österreich um ca. 1880

i) Ka-Rune

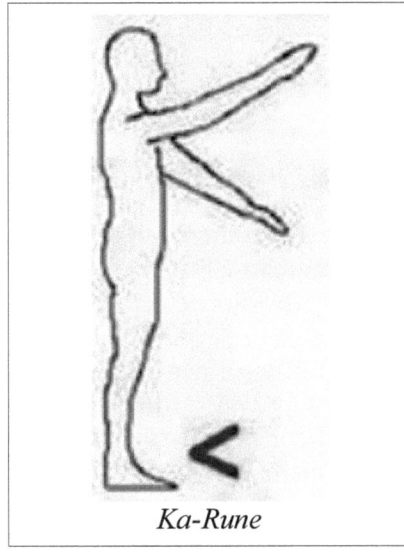

Ka-Rune

Beschreibung: aufrecht stehen, rechter Arm schräg nach vorne oben, linker Arm schräg nach vorne unten

Symbolik/Zweck: ursprünglich: Beule, Geschwür; Schutzrune, Feuer; heute: Kundalini

Herkunft: Deutschland/Österreich um ca. 1880

Wirkungsweise: Nachahmung der Form der Rune und dadurch eine Assoziation zu ihrer Bedeutung. Die Richtung der beiden Arme trifft sich auf Schulterhöhe – dort liegt oben am Brustbein das Thymus-Nebenchakra, das die Identität im Herzchakra in den sozialen Selbstausdruck im Halschakra verwandelt. Diese Runenhaltung sollte folglich den Mut fördern, sich in Gemeinschaften vollkommen unverstellt zu zeigen, öffentliche Reden zu halten, bei äußeren Widerständen unbekümmert zu bleiben usw.

Anmerkungen: die Rune sah vor ihrer Umgestaltung in der Neuzeit wie folgt aus: „ᚲ"; Laut: „k"; Name: „kenaz" (Fackel) bzw. „kaunan" (Geschwür)

j) Ka-Mudra

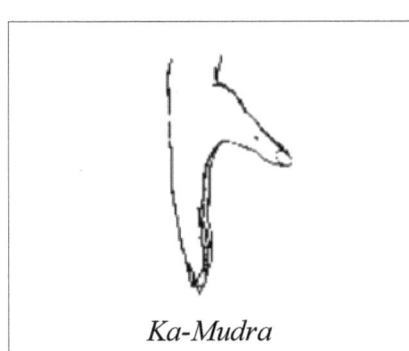

Ka-Mudra

Beschreibung: die Hand ahmt die Form der alten Ka-Rune (ᚲ) nach – Finger nach unten, Daumen abgespreizt

Symbolik/Zweck: Verstärkung der Ka-Rune

Wirkungsweise: Nachahmung der Form der Rune und dadurch eine Assoziation zu ihrer Bedeutung. Der Daumen sendet Lebenskraft aus und die vier Finger stehen schützend im Hintergrund. Hier wird die Rückseite des Thymus-Nebenchakras gestärkt, in dem idealerweise die Ermutigung durch die Eltern, so zu sein, wie man wirklich ist, und den eigenen Weg zu gehen, gespeichert sein sollte.

Herkunft: Deutschland/Österreich um ca. 1880

3. Lebenskraft herabrufen

a) Anrufung

Anrufung

Beschreibung: die Arme V-förmig erheben (Man-Rune); die Handflächen weisen dabei nach innen, wenn man dabei „nach oben hin" auf die Sonne oder den Mond hin orientiert ist; sie weisen jedoch nach vorne, wenn man z.B. vor einer Götterstatue steht oder auf die Sonne am Horizont blickt

Symbolik/Zweck: Anrufung einer Gottheit, Bitte um Kontakt zu einer Gottheit, Aufnehmen von Lebenskraft; der Betreffende wird sozusagen zu einem empfangenden Kelch.

Wirkungsweise: Die Wirkung entsteht hier durch die Geste des Kelches und durch die (meist unbewußte) Assoziation des Hand-Ausstreckens zu einem Größeren (Eltern, Gottheit).

Herkunft: weit verbreitet

b) Kontakt zum Himmel

Kontakt zum Himmel

Beschreibung: die Arme nach oben strecken und mit den Händen kreisende Bewegungen machen (die Unterarme drehen sich so, als wollte man über sich eine Schraube abwechselnd losdrehen und wieder festdrehen); dabei sind die Finger leicht gespreizt

Symbolik/Zweck: Kontakt zum Himmel und zur Sonne

Wirkungsweise: Ähnlich wie die Anrufungs-Geste und die Man-Rune schafft das „Hinaufgreifen zum Himmel" und das „mit den Fingern zum Himmel hinaufwinken" eine Verbindung nach oben.

Herkunft: Afrika

c) das Herabrufen des Bindhu

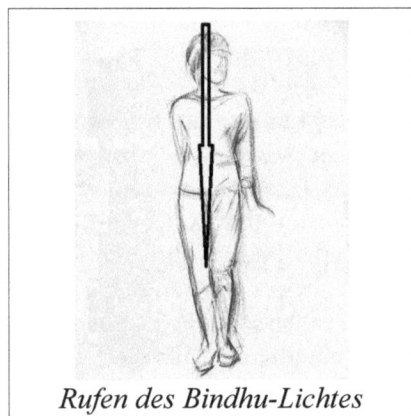

Rufen des Bindhu-Lichtes

Beschreibung: den linken Arm nach oben über den Scheitel hin ausstrecken (Kontakt nach oben); dann mit der Hand eine Linie vor dem Körper entlang nach unten ziehen (das Fließen von Licht von oben nach unten durch den Körper imaginieren); die Bewegung endet, wenn die Hand an dem ausgestreckten Arm nach unten zeigt (Erdung der angerufenen Kraft).

Symbolik/Zweck: Herabziehen des Bindhu (Licht); Kontakt mit dem Sonnenfeuer; Teil des „Kabbalistischen Kreuzes"; Selbstsegnungs-Geste

Name: in den indische Upanishaden: „Melken der Himmelskuh" (ihre Milch ist das Licht); im Wicca: „drawing down the Moon" („den Mond herabziehen")

Wirkungsweise: Lenkung der Lebenskraft

Herkunft: vermutlich an mehreren Orten entstanden

d) Fa-Rune

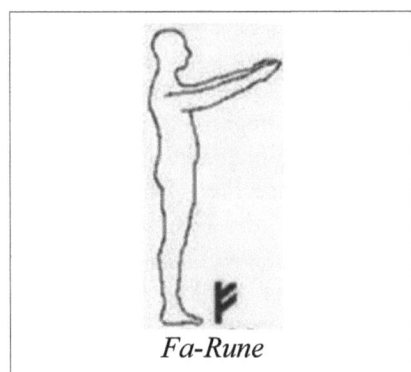

Fa-Rune

Beschreibung: aufrecht stehen, Arme nach vorne und leicht nach oben; der linke Arm ist etwas höher als der rechte

Wenn man diese Rune für das Aufnehmen der Lebenskraft der Sonne oder des Vollmondes u.ä. verwendet, werden die Hände gerade nach oben hin abgeknickt, d.h. die Handflächen weisen zu der Götterstatue, zu der Sonne, zum Mond usw., die man zwischen den Händen hindurch anblickt.

Symbolik/Zweck: Aufnehmen von Lebenskraft und Erwecken der Handchakren (leicht zu lernen und sehr wirkungsvoll), Senden von Lebenskraft. Ursprünglich wurde die Rune als Symbol für Vieh und Wohlstand verwendet; da Wohlstand Streit verursacht, half diese Rune auch gegen Streit.

Wirkungsweise: Nachahmung der Runen-Form – Assoziation zu ihrer Bedeutung. Aufnehmen von Lebenskraft durch die Handchakren

Herkunft: Deutschland/Österreich um ca. 1880

Anmerkungen: Laut: „f"; Name: „fehu" („Vieh", später auch „Wohlstand")

e) Fa-Mudra

Fa-Mudra

Beschreibung: Hand und Finger ausgestreckt; Daumen und Kleiner Finger in ca. 45° parallel abgespreizt

Symbolik/Zweck: Verstärkung der Fa-Rune

Wirkungsweise: Dieses Runen-Mudra wirkt – wie alle Runen-Mudras – zunächst einmal durch die Nachahmung der Gestalt der Rune. Zum anderen werden der Daumen (Feuer) und der Kleine Finger (Wasser) abgespreizt, wodurch sich eher eine sendende als empfangende Geste ergibt – Feuer und Wasser ergeben sozusagen zusammen einen Geysir. Daumen und Kleiner Finger bilden gewissermaßen einen Rahmen und einen Kanal für die Lebenskraft, die vom Handchakra in der Mitte des Handtellers ausgestrahlt wird. Während die Fa-Rune meist zum Empfangen von Lebenskraft verwendet wird, eignet sich das Fa-Mudra eher zum Senden – es ist aber sowohl mit der Runen-Haltung als auch mit dem Runen-Mudra sowohl das Empfangen als auch das Senden möglich.

Herkunft: Deutschland/Österreich um ca. 1880

f) Kabbalistisches Kreuz

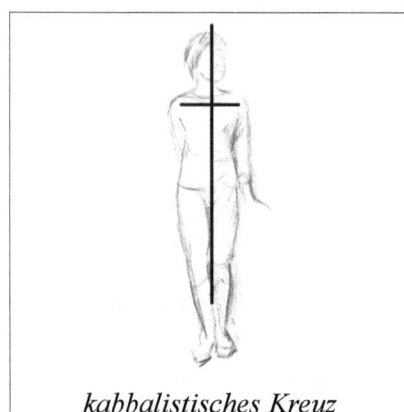

kabbalistisches Kreuz

Beschreibung: „Ateh ..." die linke Hand kommt von oben herab und berührt mit den Fingerspitzen die Stirn; „... Malkuth ..." die Hand zieht die Linie, die über dem Kopf begann, weiter hinab, bis die Hand zu einem Punkt unter den Füßen weist und somit den senkrechten Balken kennzeichnet; „... ve-Geburah ..." die Fingerspitzen berühren die rechte Schulter; „... ve-Gedulah ..." die Fingerspitzen gehen hinüber zur linken Schulter und berühren sie und ziehen dadurch den Querbalken des Kreuzes; „... le Olam, Amen."; beide Hände werden vor der Brust gefaltet und dadurch symbolisch beide Balken miteinander verbunden, wobei man an dem Kreuzungspunkt eine rote Rose imaginieren kann

Symbolik/Zweck: Herabrufen eines Segens von Christus

Wirkungsweise: Herabrufen von Lebenskraft und anschließende Stabilisierung dieser Lebenskraft im Körper

Herkunft: Golden Dawn

g) Mittlere Säule

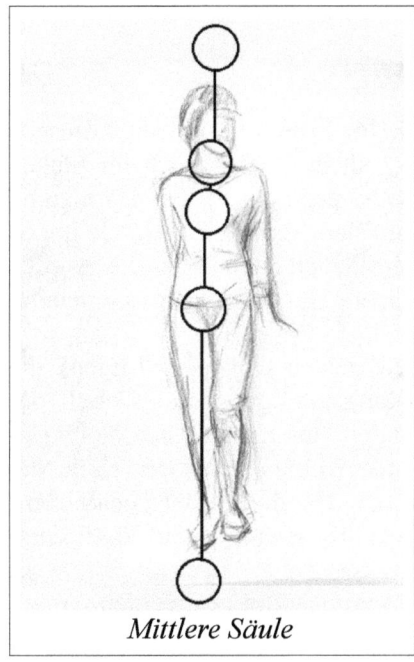

Mittlere Säule

Beschreibung: Bei dieser Übung stehen die Gesten im Hintergrund – sie wird hauptsächlich innerlich durchgeführt, also imaginiert. Die linke Hand zeigt jeweils an den Ort, an dem man die betreffende Kugel imaginiert.

1. Einige Handbreit über dem Kopf wird Kether als gleißend weiße Kugel imaginiert und dabei der Gottesname von Kether intoniert, also auf einem gleichbleibenden Ton möglichst vollklingend und im Idealfall mit Obertönen und dem natürlichen Vibrato der Stimme gesungen: „Eheieh".

2. Im Halschakra (oder am Scheitelchakra) wird Da'ath als in den Farben des Regenbogens strahlende Kugel imaginiert und dabei der Gottesname Daaths intoniert: „Yod-He-Vau-He".

3. In der Mitte der Brust, also am Sitz des Herzchakras, wird Tiphareth als goldgelb leuchtende Kugel imaginiert und der Gottesname Tiphareths intoniert: „Yod-He-Vau-He Eloha va-Da'ath".

4. Um die Genitalien herum, also am Sitz des Wurzelchakras und somit der Kundalini-Schlange, wird Yesod als violett glühende Kugel imaginiert und dabei der Gottesname Yesods intoniert: „Schaddai el-Chai".

5. Unter den Füßen, also in der Erde, wird Malkuth als braune Kugel imaginiert und der Gottesname Malkuths intoniert: „Adonai ha-Aretz".

Symbolik/Zweck/Wirkungsweise: Herabrufen eines Segens, d.h von Lebenskraft

Herkunft: Golden Dawn

4. die Lebenskraft im Körper ins Gleichgewicht bringen

a) der sich öffnende Lotus

der sich öffnende Lotus

Beschreibung: im Lotussitz, halben Lotussitz oder Schneidersitz sitzen – aber auch im Stehen möglich; die Hände liegen vor dem Hara, d.h., wenn man sitzt, auf den Beinen; die Hände liegen mit den Handinnenflächen nach oben, die zweiten Fingerglieder beider Hände liegen aneinander (Knospe);

1. Bewegung (die beiden schwarzen Linien): die Hände werden langsam gehoben, wobei der Kontakt zwischen den Händen bestehen bleibt (im Wasser aufsteigende Knospe); auf der Höhe der Brust drehen sich die Hände mit der Handaußenseite nach oben; die Hände steigen weiter bis über den Kopf empor und lösen dann ihren Kontakt auf (sich zur Blüte öffnende Knospe);

2. Bewegung (die beiden weißen Linien): mit fast vollständig gestreckten Armen beschreiben die Hände nun eine Halbkreis-Bewegung außen neben dem Körper nach unten (sich entfaltende Blüte); die Hände kehren in die Ausgangsposition zurück

Symbolik/Zweck: sich öffnen; die Kundalini emporleiten; sich für das Bindhu, das von oben kommt, öffnen; Wecken des Scheitelchakras

Wirkungsweise: Die Geste des Öffnens und das Bild der sich öffnenden Blüte wirken auf die Psyche. Zugleich lenkt die Geste die Lebenskraft vom Wurzelchakra zum Scheitelchakra empor – während das Bild der sich öffnenden Blüte das Scheitelchakra dafür öffnet, daß Lebenskraft von oben her herabfließt.

Herkunft: Yoga

Anmerkungen: Diese Bewegung ist am effektivsten, wenn man sie so langsam durchführt, daß man die Bewegung kaum spürt – dies ist sozusagen am „Pflanzenähnlichsten".

b) Surabhi

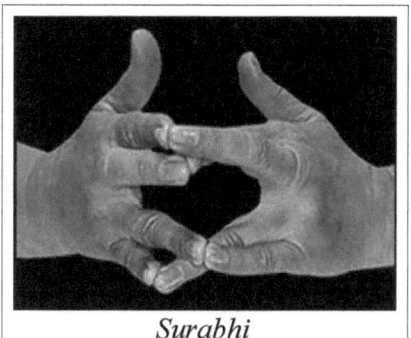

Surabhi

Beschreibung: Hände mit den Fingerspritzen zusammen – Ringfinger auf kleinen Finger sowie Zeigefinger auf Mittelfinger, Daumen leicht nach oben abgespreizt

Symbolik/Zweck: harmonisiert den Fluß der Lebenskraft im Körper

Wirkungsweise: Die Daumen stehen isoliert da, d.h. senden keine zusätzliche Lebenskraft ins System. Durch das Kreuzen von Zeigefinger und Mittelfinger werden eventuelle Lebenskraft-Gefälle zwischen Luft und Licht ausgeglichen; durch das Kreuzen von Ringfinger und Kleinem Finger werden eventuelle Lebenskraft-Gefälle zwischen Erde und Wasser ausgeglichen.

Herkunft: Yoga

c) Mukala

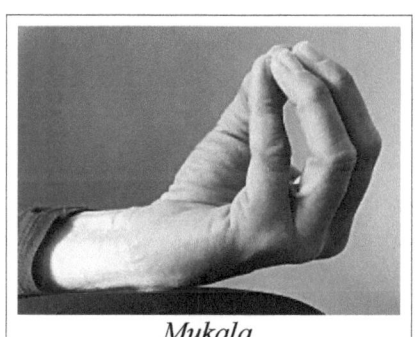

Mukala

Beschreibung: Handinnenfläche nach oben, alle fünf Fingerspitzen berühren sich

Symbolik/Zweck: gleicht Stauungen und Mangelbereiche im Lebenskraftkörper aus

Wirkungsweise: Alle fünf Elemente begegnen sich in den fünf Fingerspitzen und gleichen sich aus.

Herkunft: Yoga

Anmerkung: Diese Geste müßte aufgrund der Verbindung von allen fünf Fingerspitzen noch stärker harmonisierend wirken als das im vorigen Beispiel beschriebene Surabhi-Mudra

5. Lebenskraft lenken

a) oben und unten

Zu dieser Haltung gibt es eine lange Tradition, die bis in die späte Altsteinzeit zurückreicht. Zu ihr gehört nicht nur die „ein Arm oben, ein Arm unten"-Geste, sondern auch die zweifache Darstellung der Göttin. Beide Darstellungen weisen auf das Oben und Unten, auf Diesseits und Jenseits, auf Leben und Tod, auf Leib und Seele hin.

Da dies eine der wichtigsten Gesten in der Magie ist, folgen hier einige Beispiele für diese Gesten und auch einige Symbole, die sich daraus abgeleitet haben.

Frau, linker Arm oben,
rechter Arm unten;
Galgenberg, 32.000 v.Chr.

zweifache Frau;
Laussel, 30.000 v.Chr.

Frau, linker Arm oben,
rechter Arm unten;
Releveuco, 17.000 v.Chr.

zwei Frauen;
Angle sur Anglin,
12.000 v.Chr.

Frau, linker Arm oben,
rechter Arm unten;
Göbekli Tepe,
10.000 v.Chr.

Reste eines steinernen
Totempfahls: zwei
Frauenköpfe (von dem
linken sind nur noch die
Haare zu sehen) und
Seelenvogel;
Nevali Cori, 9.000 v.Chr.

Frau, linker Arm oben,
rechter Arm unten;
Mierlo, 9.000 v.Chr.

„H": links und rechts die
beiden Welten („I"), da-
zwischen zwei Verbindun-
gen („=");
Göbekli Tepe, 9.000 v.Chr.

am Gürtel einer Statue
(Schamane): zweimal das
„H"(Diesseits hier und
Jenseits dort), dreimal das
„I" (Diesseits oben,
Jenseits unten);
Göbekli Tepe, 9.000 v.Chr.

*das „H" an einem
Schamanen-Pfeiler;
Göbekli Tepe, 9.000 v.Chr.*

*zwei Geier-Paare (zweifache Göttin) mit Symbolen auf
dem Rücken auf zwei Türmen mit einem kopflosen,
umgekehrten Menschen (links) bzw. einem Totenkopf
(rechts); Çatal Höyük, 7.000 v.Chr.*

*Doppelfrau (Diesseits- und
Jenseitsgöttin);
Çatal Höyük, 7.000 v.Chr.*

*Symbol des linken Geiers:
Tod – Weg von außen nach
innen bzw. Trennung von
Leib und Seele*

*Symbol des rechten Geiers:
Geburt – Weg von innen
nach außen bzw. Verbin-
dung von Leib und Seele*

*„Hantel-Symbol": zwei
Kreise mit Bogen verbun-
den – Diesseits und Jen-
seits, Jemseitsweg;
Menhir von Almendres,
6.000 v.Chr.*

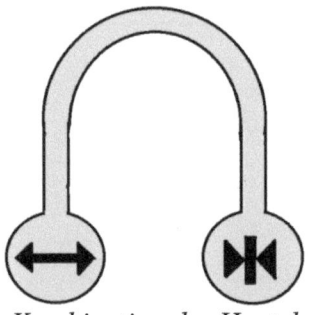

*Kombination des Hantel-
Symbols und der beiden
polar gebildeten, aber aus
denselben Elementen
bestehenden Pfeil-Symbole
(Rekonstruktion)*

Doppelfrau;
Hacilar, 6.000 v.Chr.

Doppelfrau;
Hacilar, 6.000 v.Chr.

Doppelfrau;
Hacilar, 6.000 v.Chr.

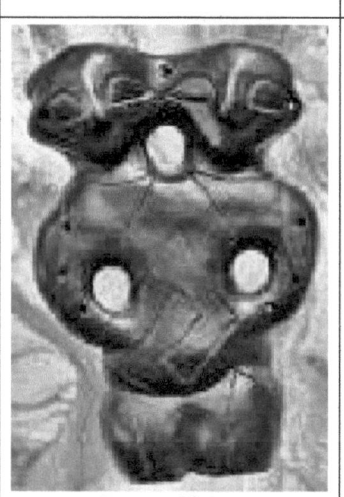

Doppelfrau;
Gamalova, 4.000 v.Chr.

Hathorsäule (Säule mit
zwei Gesichtern der Göttin
Hathor, die in entgegen-
gesetzte Richtung blicken;
Ägypten, 2500 v.Chr.

der Pharao (Mitte) und die
beiden Ma'at-Göttinnen;
Ägypten, 1800 v.Chr.

der hebräische Buchstabe „Aleph": Verbindung von oben und unten

„Hantel-Symbol" (links oben in dem Trog); Hügelgrab von Kivik, 1000 v.Chr.

Janus-Statue; römisch

„Hantel-Symbol (links oben); germanischer Brakteat (Amulett in Münzenform), 600 n.Chr.

Tarot: Der Magier; im Gegensatz zu den Steinzeit-Göttinnen hält er den rechten Arm nach oben

Tarot: Der Teufel; auch er hält seinen rechten Arm nach oben

46

Rune „Eh" (linker Arm oben wie bei der Geste der Steinzeit-Göttin); um ca. 1880 entwickelt

Gruß der Erdgeister (rechter Arm oben); Golden Dawn

der kämpfende Gott Seth (rechter Arm oben); vermutlich Crowley

„Der Menschheits-repräsentant" (linker Arm oben); Kultbild in Dornach (Anthroposophen)

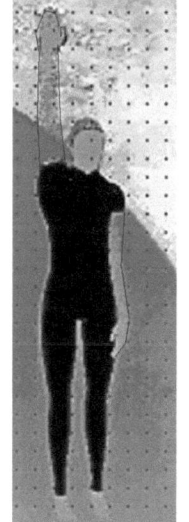

Eurythmiegeste „Sternzeichen Fische" (rechter Arm oben)

<u>Anrufung in der Christengemeinschaft</u>

(keine Abbildung erhält-lich; der Priester hält bei der Anrufung wie der „Magier" im Tarot den rechten Arm nach rechts oben und den linken Arm nach links unten – das ist stets die kraftvollste Stelle in dem Kultus der Christengemeinschaft)

Beschreibung: meist im Stehen, seltener auch im Sitzen: ein Arm schräg seitlich nach oben gestreckt; den anderen Arm schräg seitlich nach unten gestreckt; manchmal sind die Handflächen nach oben bzw. nach unten geöffnet oder halten je einen Stab; die Steinzeit-Göttin hält den linken Arm nach oben – der Magier und Priester sowie der Teufel halten den rechten Arm nach oben

Symbolik/Zweck: Oben und unten sind Diesseits und Jenseits. Die Göttin wird durch diese Haltung als Dieseits- und Jenseitsgöttin gekennzeichnet. Weitere Varianten dieser Symbolik sind die Darstellung der Göttin als doppelte Göttin wie bei einer Skatkarte, mit zwei Leibern, mit zwei Oberkörpern, mit zwei Köpfen, mit zwei Gesichtern, als Zwillinge, als Säule mit zwei Gesichtern an ihrem oberen Ende usw.

Dieselbe Symbolik findet sich auch bei dem Schamanen. Am bekanntesten sind der zweigesichtige Jenseitsfährmann in den ägyptischen Pyramidentexten, der römische Gott Janus, der die Tore bewacht (vor allem das Jenseitstor), der „Magier" und der „Teufel" im Tarot sowie der Christengemeinschafts-Priester.

Wirkungsweise: Die Geste weist auf die beiden Welten, d.h. auf Diesseits und Jenseits hin und verbindet sie. Mit dieser Geste werden beide Welten verbunden, wodurch Rat, Hilfe und Lebenskraft von den Göttern und Ahnen im Jenseits zu dem fließen können, der diese Geste benutzt.

Herkunft: späte Altsteinzeit in Eurasien

b)   magisch mit der Hand auf etwas weisen

mit der Hand auf etwas weisen

Beschreibung: auf dem rechten Fuß stehen, das linke Auge schließen, das rechte Auge offen, mit der rechten Hand nach vorne weisen; vermutlich auch auf dem linken Fuß stehend, dem linken Auge offen und mit der linken Hand weisend möglich

Symbolik/Zweck: Vermutlich stellt die linke Seite (erhobener Fuß, hängender Arm, geschlossenes Auge) das Jenseits dar, während die rechte Seite (Fuß auf dem Boden, ausgestreckter Arm, offenes Auge) das Diesseits verkörpert. Da der Magier seine Kraft aus dem Jenseits (Lebenskraft, Ahnen, Götter) holt und sie im Diesseits lenkt, drückt diese Haltung aus, daß der Betreffende ein „Wanderer in zwei Welten" ist.

Der Zauberstab als Symbol des Weltenbaumes und somit auch des Jenseitsweges hat dieselbe Symbolik: auch er drückt aus, daß der, der den Stab trägt, über den Weltenbaum-Jenseitsweg mit den Ahnen und Göttern im Jenseits verbunden ist.

Ebenso ist das kahlgeschorene Haupt der Priester-Schamanen in vielen Kulturen solch ein Symbol: Die Glatze ist eine Analogie zu einem Totenschädel – der „Kahlkopf" weilt somit zwar unter den Lebenden, aber er ist genauso auch unter den Toten zuhause.

Wirkungsweise: Wie bei der vorigen Geste wirkt hier vermutlich vor allem die Darstellung der beiden Welten durch die Geste.

Herkunft: Druiden und ägyptische Magier

Anmerkungen: Vermutlich handelt es sich um eine Parallelentwicklung bei den Kelten und bei den Ägyptern. Es ist natürlich auch denkbar, daß diese Symbolik noch von den gemeinsamen Vorfahren der Kelten (Indogermanen) und der Ägyptern bei den frühen Ackerbauern in Mesopotamien um 7000 v.Chr. stammt. Allerdings wäre es dann verwunderlich, daß diese Haltung nicht noch bei anderen Völkern, die von diesen frühen Ackerbauern abstammen, zu finden ist.

c)   mit der Hand auf etwas weisen

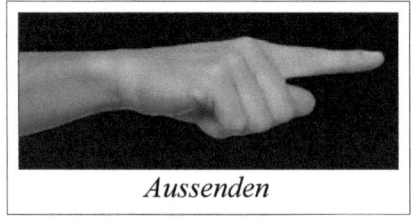

Aussenden

Beschreibung: Man zeigt mit meist ausgestrecktem Arm und ausgestreckter Hand mit dem Zeigefinger auf das, auf das man hinweisen will. Die übrigen Finger sind eingerollt (Faust).

Symbolik/Zweck: Diese Geste weist zunächst einmal nur auf etwas hin, aber sie wird auch als ein Senden von Lebenskraft empfunden – so wie auch im Feng Shui lange, gerade Linien die Lebenskraft bündeln und in der Verlängerung dieser Linie ausstrahlen. Daher wird diese Geste auch bei Flüchen verwendet, wobei dann oft der Arm angewinkelt und dann wieder wie beim Werfen von etwas ausgestreckt wird. Dabei wird meist bei jedem „Du" oder „Dein" o.ä. in dem Fluch diese werfende Geste durchgeführt also z.B. dreimal bei dem Fluch „Du sollst hundert Warzen haben! Du sollst jede Nacht von Mücken geplagt werden! Dein Dach soll immer undicht sein!"

Wirkungsweise: Der ausgestreckte Arm und der ausgestreckte Finger bündeln die Lebenskraft im Arm wie einen Laser und lassen es – wie man dies im Feng Shui nennt – zu „hartem Chi" werden. Diese Geste fördert natürlich auch die Ausrichtung auf das Ziel, zu dem man etwas senden oder das man verfluchen will.

Name: Als Fluch u.ä. wird diese Geste auch „Malediction" genannt – im Gegensatz zur „Benediction" (Segnung).

Herkunft: allgemein verbreitet

d) Vajra

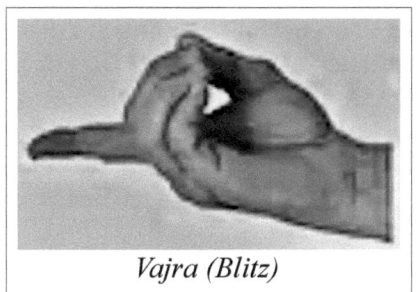

Vajra (Blitz)

Beschreibung: rechte Hand mit dem Hand-rücken nach unten, Zeigefinger ausstrecken, die drei anderen Finger gekrümmt, die Daumenkuppe berührt die Seite des Zeigefingers; der Unterschied zur vorigen Geste besteht nur darin, daß die Finger nicht zur Faust geballt werden

Symbolik/Zweck: Konzentration, Ausrichtung, Einsgerichtetheit, etwas aussenden; diese Geste ist deutlich weniger hart als die vorige und daher auch weniger destruktiv gemeint

Wirkungsweise: Ausrichtung der Lebenskraft durch Arm und Zeigefinger

Herkunft: Yoga

Anmerkungen: Der Vajra ist ein Symbol des Blitzes, das um spätestens 7000 v.Chr. im jungsteinzeitlichen Mesopotamien entstanden ist, da es sich bei den Sumerern, den Griechen, den Germanen und den Indern findet. In Indien ist der Vajra das Symbol des Indra. In Michelangelos Gemälde „Die Erschaffung des Adam" benutzt Gott eine dem Vajra-Mudra sehr ähnliche Geste, um Adam zu beleben.

Michelangelo: Die Erschaffung Adams

Detail

e) Prana

Prana (Lebenskraft)

Beschreibung: Handrücken nach unten, Zeige-finger und Mittelfinger ausgestreckt; Ringfinger, Kleiner Finger und Daumen berühren sich

Symbolik/Zweck: Symbolisierung und Aussen-dung von Prana (Lebenskraft); stärkt die Lebens-kraft, fördert die Ausdauer, gibt den Mut Neues zu beginnen

Wirkungsweise: Das Licht-Element des Mittel-fingers und das Luft-Element des Zeigefingers werden hier zu einem luftigen „Lebenskraft-Strahl" verbunden. Das Feuer-Element des Daumens wird jedoch in das Erd-Element des Ringfingers und in das Wasser-Element des Kleinen Fingers geleitet, wodurch die Kraft sozusagen irdisches Mitgefühl erhält. Daraus kann man schließen, daß dieses „Aussenden von Lebenskraft" ein zwar konzentriertes, aber trotzdem eher weicher Segnen und freundliches Heilen ist als ein dominantes Lenken oder gar als ein harter Fluch.

Herkunft: Yoga

Anmerkungen: Diese Geste ist der Segensgeste im Christentum sehr ähnlich, bei der ebenfalls Zeigefinger und Mittelfinger ausgestreckt werden. Der Daumen liegt beim Prana-Mudra jedoch an dem Zeigefinger, während der Ringfinger und der Kleine Finger eingerollt werden.

f) Ksepana

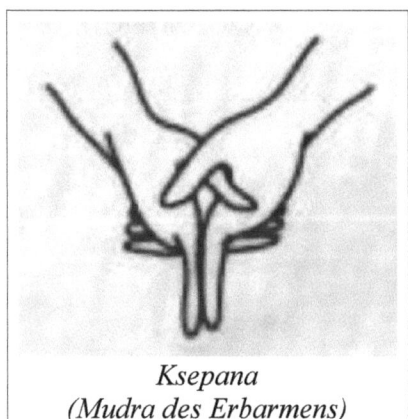

Ksepana
(Mudra des Erbarmens)

Beschreibung: Hände gefaltet, Zeigefinger ne-beneinander und weisen nach unten

Symbolik/Zweck: Geste der Ambrosia-Vertei-lung (Segens-Verteilung)

Wirkungsweise: Hier senden die beiden Mittel-finger das Luft-Element, also vor allem eine Be-lehrung aus. Die anderen Finger sind gefaltet, d.h. ihre Kräfte werden im eigenen Inneren versam-melt.

Herkunft: Yoga

Anmerkungen: Mudra des Namasangiti (eine Form des Buddha Avalokiteshvara)

6.   Kontakt zu etwas

a)   die Hand auf ein Buch o.ä. legen

Kontakt zur Bibel

Beschreibung: die Hand beim Eid auf einen heiligen Gegenstand o.ä. legen

Symbolik/Zweck: Herstellung der Verbindung zu der Gottheit, die durch den heiligen Gegenstand repräsentiert wird und die den Schwörenden bei einem Eidbruch daher bestrafen wird

Wirkungsweise: Der Kontakt z.B. zu einem heiligen Buch symbolisiert eine Verbindung zu der Gottheit, um die es in diesem Buch geht. Daher geht der Schwörende davon aus, daß diese Gottheit ihn bestrafen wird, wenn er den Eid bricht. Dieses Prinzip findet sich schon in dem ältesten erhaltenen Friedensvertrag, der um 1259 v.Chr. zwischen Ramses II von Ägypten und dem Hethiterkönig Hathushili III geschlossen wurde – in ihm rufen beide explizit den Zorn ihrer Götter auf sich herab, falls sie diesen Frieden jemals brechen sollten.

Herkunft: weit verbreitet

Anmerkungen: Im Alten Testament schwor man manchmal, indem man seine Hand auf den Penis des eigenen Vaters legte.

Die Geste des „die Hand auf etwas legen" oder des „Ergreifens von etwas" ist auch ganz allgemein die Geste einer Verbindung, der Besitzergreifung, der Dominanz über etwas usw.

b)   Öffnen und Schließen des Vorhanges

Öffnen des Vorhangs   *Schließen des Vorhangs*

Beschreibung: man imaginiert einen zweiteiligen Vorhang; beim Öffnen teilt man den Vorhang durch eine kleine Bewegung mit den Händen von oben nach unten und dann öffnet ihn dann mit einer Bewegung zu den beiden Seiten hin; beim Schließen bewegt man die Hände von außen zur Mitte

Symbolik/Zweck: Öffnen und Schließen eines Bereiches

Wirkungsweise: Hier wirkt vor allem die Imagination, daß man den Vorhang oder den Schleier vor einem Durchgang in einen anderen Bereich öffnet bzw. schließt.

Herkunft: Golden Dawn

Anmerkungen: Diese Geste ist u.a. ein Bestandteil des Großen Pentagramm-Rituals und wird auch bei Ritualen, die sich auf den Lebensbaum beziehen, bei dem Übergang über die Schwelle, den Graben und den Abgrund verwendet.

7. Reinigung

a) Durchtrennen einer Silberschnur

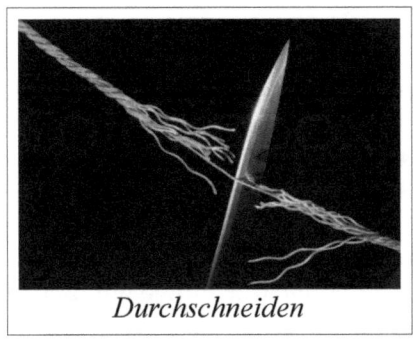

Durchschneiden

Beschreibung: bezieht sich in der Regel auf eine Lebenskraftschnur, die vom eigenen Sonnengeflecht aus zu dem Sonnengeflecht eines anderen Menschen führt; mit der linken Hand wird die imaginierte Schnur ergriffen, mit der rechten Hand wird sie zwischen dem eigenen Körper und der linken mit einem Messer oder einer Schere durchgeschnitten; das Ende der Lebenskraft-Schnur wird imaginativ und durch Gesten zu Mutter Erde gesendet, die sich um diese Schnur und die Person, zu der sie führt, kümmert; die Stelle am eigenen Sonnengeflecht, an der sich zuvor die Schnur befand, wird durch ein Symbol oder durch Einreiben mit Drachenblut (Harz des Drachenbaumes) geschützt

Symbolik/Zweck: Trennen einer Verbindung

Wirkungsweise: Hier beruht die Wirkung der Geste auf der Imagination der Durchtrennung einer Verbindung.

Herkunft: unbekannt

Anmerkung: Diese Geste ist wirkungsvoller und gezielter als die allgemeine Reinigung durch Beräuchern mit Salbei oder das Übergießen mit Weihwasser oder Öl.

b) Durchtrennen

Durchhacken

Beschreibung: mit der Handkante wie beim Karate einen durchtrennende Bewegung durchführen; einfache und unspezifischere Variante der vorigen Geste

Symbolik/Zweck: Trennen einer Verbindung, auf Distanz zu etwas gehen

Wirkungsweise: Auch hier beruht die Wirkung der Geste auf der Imagination der Durchtrennung einer Verbindung.

Herkunft: weit verbreitet

8. Heilung, Belehrung und Segnung

a) Handauflegen

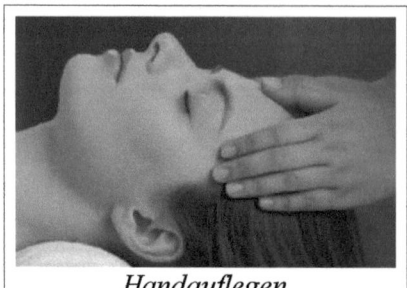

Handauflegen

Beschreibung: Die Hand auf die zu heilende Stelle legen.

Symbolik/Zweck: Übertragung von Lebenskraft

Name: „Segnung"; „Heilung" o.ä.

Wirkungsweise: Bei diesem Verfahren wird der Kontakt des Priesters/Heilers mit einer bestimmten Körperstelle des Ratsuchenden/Patienten verbunden und dadurch eine Wirkung erzielt.

Diese Methode funktioniert natürlich am besten, wenn der Priester/Heiler dabei nicht seine eigene Lebenskraft in den anderen fließen läßt, sondern eine Gottheit o.ä. anruft und deren Kraft durch sich in den anderen fließen läßt. Dieses „Rufen der Lebenskraft" und „Weiterleiten der Lebenskraft" wird durch die Haltung des „Magiers" im Tarot dargestellt: Sein rechter, erhobener Arm ruft die Lebenskraft und sein linker, nach unten ausgestreckter Arm leitet diese Lebenskraft weiter.

Die heute bekannteste Form des Handauflegens ist vermutlich das Reiki – aber sie ist bei weitem nicht die einzige Methode.

Herkunft: sehr alt und weit verbreitet

Anmerkungen: Es ist wichtig, daß man bei Heilungen, bei dem Aufladen von Talismanen mit Lebenskraft u.ä. nicht die eigene Lebenskraft verwendet, sondern die Lebenskraft des Erdfeuers, des Sonnenfeuers, des Mondes, einer Gottheit o.ä. durch sich durch in den zu heilenden Menschen, in den Talisman usw. fließen läßt, da man sonst bald unter Lebenskraft-Mangel leiden würde.

Daher sollte dem Handauflegen eine Geste vorausgehen, mit der man selber Lebenskraft in sich hineinruft. Dies kann z.B. die Anrufungs-Geste oder die Bindhu-Geste sein.

Die Kombination dieser beiden Gesten ist – wie gesagt – die Geste des Magiers: eine empfangende Hand ist nach oben hin ausgestreckt (Anrufung) und eine gebende Hand ist nach unten hin ausgestreckt (Heilung).

b) Unterweisung

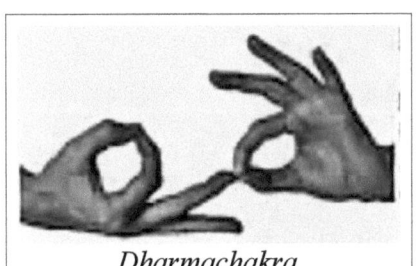

Dharmachakra
(Rad der Lehre)

Beschreibung: bei beiden Händen bilden Daumen und Zeigefinger einen Kreis, Finger abgespreizt; rechte Hand mit Handfläche nach oben; linker Daumen und Zeigefinger ergreifen die Spitze des rechten Mittelfingers

Symbolik/Zweck: Geste des Erklärens der buddhistischen Lehre; Geste des Dhyani-Buddhas Vairocana; Invokation des Buddha Vairocana

Wirkungsweise: Der Verstand (Luft, Zeigefinger) und die Kraft (Feuer, Daumen) der linken Hand verbinden sich zu einer überzeugenden verstandesmäßigen Klarheit, die die spirituellen Dinge (Licht, Mittelfinger) der rechten Hand darlegt. Zusätzlich sind auch in der rechten Hand Feuer (Daumen) und Luft (Zeigefinger) zu einem wirkungsvollen Vortrag verbunden worden. Diese Geste symbolisiert weiterhin auch die sorgfältige Darlegung aller Details.

Herkunft: Yoga, Buddhismus

c) die Wange berühren (Segen)

Christengemeinschafts-Segen

(von den spirituell-magischen Handlungen in der Christengemeinschaft werden offenbar keine Photos gemacht – was ja auch angemessen ist)

Beschreibung: Der Priester berührt mit seiner rechten Hand den linken Wangenknochen der Person, die gesegnet wird.

Symbolik/Zweck: eine Variante des Handauflegens beim Segnen, die in der anthroposophischen Christengemeinschaft üblich ist

Wirkungsweise: Wenn man den ganzen Körper auf das Gesicht projiziert, ist die Stirn der Kopf, die Augenbrauen die Arme, der Nasenrücken der Leib, die Nase die Genitalien, der Mund der Anus, die Oberkiefer die Oberschenkel, das Kiefergelenk die Knie, die Unterkiefer die Unterschenkel, und das Kinn die Füße. Die Wangenknochen entsprechen somit dem Brustkorb. Die Berührung des Wangenknochens ist somit eine Berührung des Herzens, der Lunge und des Herzchakras, das der Tempel der Seele ist – die bei diesem Segen bewußt werden soll.

Herkunft: Anthroposophie (vermutlich von Rudolf Steiner um ca. 1920 erdacht)

9. Mesmerismus

a) Einschläfern

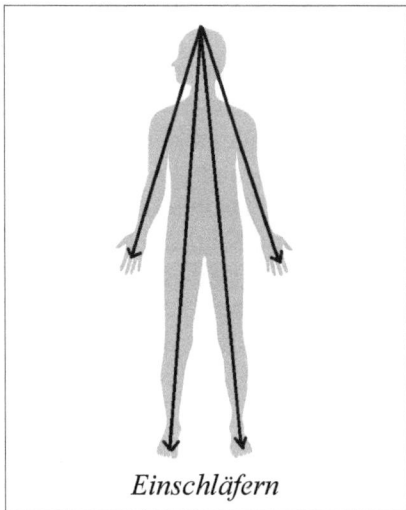

Einschläfern

Beschreibung: mit den Händen eine Handbreit über dem Körper vom Scheitel aus abwechselnd zu den Händen und zu den Füßen streichen

Symbolik/Zweck: beruhigend, einschläfernd, läßt den Körper erstarren

Wirkungsweise: möglicherweise eine Verlangsamung des Lebenskraftflusses in den Akupunktur-Meridianen

Herkunft: Franz Anton Mesmer (ca. 1860)

Anmerkungen: Ähnliche Methoden finden sich z.B. als Lecken von Wunden bei Tieren oder als Streichen über schmerzende Bereiche des Leibes bei vielen frühen Völkern.

b) Wecken

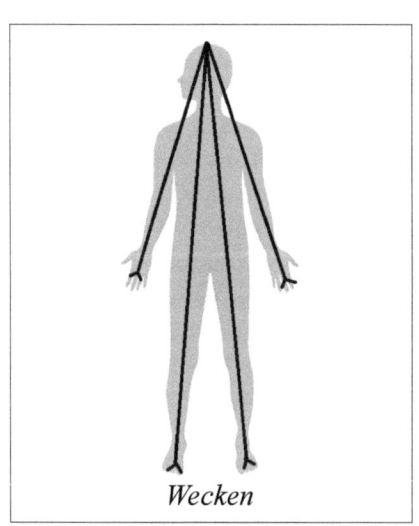

Wecken

Beschreibung: Umkehrung der eben beschriebenen Bewegung: von den Händen bzw. Füßen zum Scheitel

Symbolik/Zweck: anregend, weckend, läßt den Körper beweglicher werden

Wirkungsweise: möglicherweise eine Beschleunigung des Lebenskraftflusses in den Akupunktur-Meridianen

Herkunft: Franz Anton Mesmer (ca. 1860)

Anmerkungen: siehe vorige Geste

10. Schutz

a) Abwehrgeste

Abwehr

Beschreibung: Hand ausstrecken mit Handfläche nach vorn; Schutzgeste des Körpers

Symbolik/Zweck: „Halt!", jemanden aufhalten und fernhalten

Wirkungsweise: Dem Gegenüber wird die senkrechte Handfläche wie eine Mauer entgegengehalten. Hier wirkt der optische Eindruck eines Hindernisses (Handfläche).

Herkunft: weit verbreitet

Anmerkungen: Im Buddhismus ist dies, wenn es mit der linken Hand durchgeführt wird, die Geste der Furchtlosigkeit des Buddha Amoghasiddhi.

b) Schutz

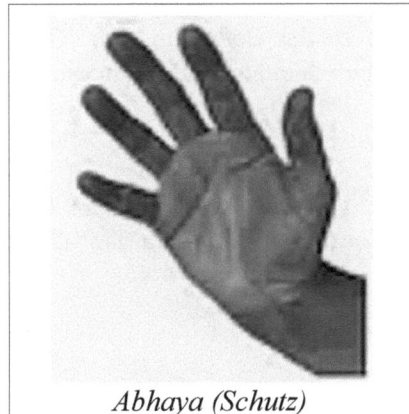

Abhaya (Schutz)

Beschreibung: geöffnete Hand mit leicht gespreizten Fingern

Symbolik/Zweck: schützt und gibt inneren Halt

Wirkungsweise: Diese Geste wirkt durch ihre lose Fingerhaltung eher entspannend und beruhigend – sie wirkt somit eher auf denjenigen, der sie durchführt. Die Geste des Buddha Amoghasiddhi im vorigen Beispiel wirkt hingegen auf denjenigen, der sich dem nähert, der diese Geste macht.

Herkunft: Yoga

c) Schutzkreis

eine Hexe zieht mit ihrem Stab einen Schutzkreis

Beschreibung: einen Kreis auf dem Boden ziehen, in dem man dann anschließend bei einer Meditation sitzt oder bei einem Ritual steht; der Kreis wird entweder konkret mit Kreide auf den Boden gemalt oder nur imaginiert, wobei man den rechten Zeigefinger am ausstreckten Arm oder einen Zauberstab so hält und bewegt, als ob man mit ihm einem Lichtstrahl (Lebenskraft) aussenden würde, der den Kreis auf den Boden malt

Symbolik/Zweck: Schutz

Wirkungsweise: optische Darstellung eines Schutzes (Burgmauer, Stadtmauer)

Herkunft: mittelalterliche Magie in Europa

d) Rit-Rune

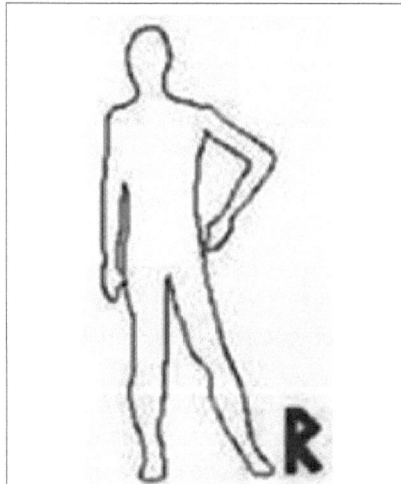

Rit-Rune

Beschreibung: aufrecht stehen, linkes Bein abgespreizt, linke Hand auf der linken Hüfte

Symbolik/Zweck: ursprünglich: Ritt, Fahrt, Jenseitsreise; Schutz vor Pfeilen; heute: Rat erhalten

Wirkungsweise: Nachahmung der Form der Rune – Assoziation zu der Bedeutung der Rune. Das Handchakra neben dem Hara stärkt die Standfestigkeit des Haras. Das abgespreizte Bein weckt die Assoziation zum Gehen – also sicheres Gehen ...

Herkunft: Deutschland/Österreich um ca. 1880

Anmerkungen: Laut: „r"; Name: „raidho" (Ritt, Reise)

e) Not-Rune

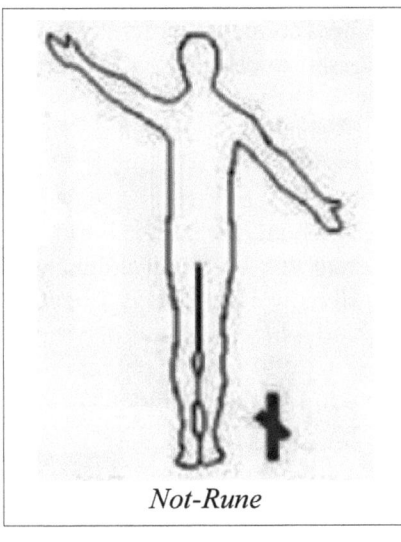

Not-Rune

Beschreibung: aufrecht, rechter Arm nach oben, linker Arm nach unten

Symbolik/Zweck: ursprünglich: Not, Benötigtes; Schutz vor Gift; Schadensrune; heute: Schutzrune

Wirkungsweise: Nachahmung der Form der Rune – Assoziation zu der Bedeutung der Rune. Diese Rune wirkt wie auch die Eh-Rune durch die oben/unten-Symbolik, die noch aus der späten Altsteinzeit stammt. Mit dieser Geste werden die beiden Welten (Diesseits und Jenseits) verbunden. Daher ruft diese Geste in Not-Situationen den Rat und die Hilfe der Götter und der Ahnen herbei. Die Armhaltung setzt das Thymus-Nebenchakra oben am Brustbein in das Zentrum dieser Körperhaltung – das scheint hier jedoch kaum eine Bedeutung zu haben.

Herkunft: Deutschland/Österreich um ca. 1880

Anmerkungen: Laut: „n"; Name: „naudiz" (Not)

f) Not-Mudra

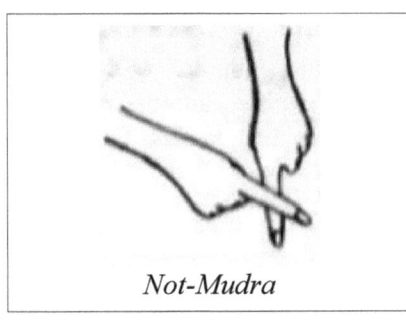

Not-Mudra

Beschreibung: beide Hände sind Fäuste, die beiden Zeigefinger sind ausgestreckt, der rechte Zeigefinger liegt über dem linken Zeigefinger

Symbolik/Zweck: Verstärkung der Not-Rune

Wirkungsweise: Nachahmung der Form der Rune – Assoziation zu der Bedeutung der Rune. Die Haltung läßt eine Verstärkung des Luft-Elementes der Zeigefinger vermuten, die jedoch durch das Kreuzen der beiden Finger eher blockiert ist. Bedeutet das Ratlosigkeit? Dann würde dieses Runen-Mudra sozusagen homöopathisch wirken, also die Ratlosigkeit in der Not-Situation mit Ratlosigkeit vertreiben – was recht unwahrscheinlich scheint.

Herkunft: Deutschland und Österreich um ca. 1880

g) Hagal

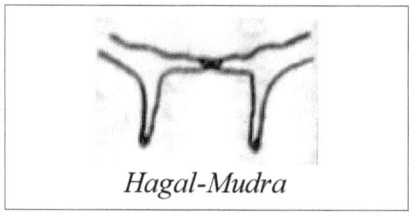

Hagal-Mudra

Beschreibung: die Daumen werden von den Fingern, die geschlossen aneinanderliegen, abgespreizt; die Handflächen liegen sich gegenüber

Symbolik/Zweck: Verstärkung der Hagal-Rune; ursprünglich Hagelzauber und allgemein Schadenszauber; heute ein Schutzzauber

Wirkungsweise: Nachahmung der Form der Rune – Assoziation zu der Bedeutung der Rune. Zwischen den beiden Handchakren entsteht ein Druck durch das Spüren der Lebenskraft, der die Handchakren bewußt machen kann. Die rechten Winkel zwischen Daumen und Fingern sowie der rechteckige Raum zwischen Fingern und Daumen kann das Gefühl eines Schutzraumes hervorrufen, der sich allerdings hauptsächlich zwischen den Händen befindet.

Herkunft: Deutschland/Österreich um ca. 1880

h) einen Phurba einrammen

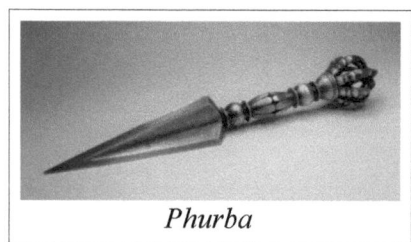

Phurba

Beschreibung: einen Phurba (tibetischer Ritualdolch) in die Erde rammen

Symbolik/Zweck: etwas binden, schützen, festlegen, erden, einen Geist zu etwas verpflichten

Wirkungsweise: Unterstützung der Imagination; Symbolik von Messer und Pferdepflock

Herkunft: Tibet

Anmerkungen: Die Anwendungsmöglichkeiten dieser Geste bzw. Handlung sind recht vielfältig. In Tibet werden damit u.a. Dämonen, Berggeister u.ä. an einen Ort gebannt und dazu verpflichtet, der buddhistischen Lehre zu dienen.

i) Hörnerzeichen

Hörnerhand-Geste des Padmasambhava (mit Vajra)

Beschreibung: die Faust emporrecken und Zeigefinger und Kleinen Finger wie zwei Hörner nach oben ausstrecken

Symbolik/Zweck: Schutzzeichen; in Indien und Tibet auch die Geste des Totengottes Yama sowie in Tibet die Geste der blauen Tara

Wirkungsweise: Assoziation zu den Hörnern eines Yaks, Stiers o.ä.; Assoziation zu dem Teufel

Name: Mano cornuta (italienisch für „gehörnte Hand")

Herkunft: Diese Geste wird in vielen Ländern als Schutzzeichen verwendet. In dieser Weise wird sie u.a. im Buddhismus verwendet, z.B. um 800 n.Chr. von Padmasambhava. Diese „Karana-Mudra" genannte Geste stellt die Hörner eines wilden Yaks dar, das seine Hörner gegen einen Feind wendet.

Die älteste bekannte Darstellung dieser Geste stammt von den Grabsteinen der Etrusker. Dort könnte sie ein gehörntes Tier, also ein Herdentier darstellen, da es bis zu Christianisierung in Europa, Nordafrika und Mesopotamien den Brauch gegeben hat, einem Toten ein männliches Herdentier zu opfern, um dem Toten dessen Zeugungskraft zu übertragen, damit der Tote sich auch sicher mit der Jenseitsgöttin selber wiederzeugen konnte. Diese Wiederzeugung ging nach den damaligen Vorstellung der Wiedergeburt des Toten im Jenseits voraus.

In Pompeji wurde ein Amulett mit der Hörnerhand-Geste gefunden.

In Italien symbolisiert diese dort recht unfreundliche Geste einen „gehörnten Ehemann", d.h. man sagt mit dieser Geste dem betreffenden Mann, daß man mit seiner Frau geschlafen hat.

Unter Satanisten wird diese Geste als Symbol des (gehörnten) Teufels verstanden und als Gruß verwendet. Da diese Geste auch „goat horns" u.ä. genannt wird, könnte sie auch auf die Hörner des Pan zurückgehen, der einer der „Vorfahren" des Teufels ist.

In der Metal- und Rock-Szene ist diese Geste ein allgemeiner Gruß. Diese Geste wurde bereits 1956 von Elvis Presley verwendet.

In einer E-mail wird dieser Gruß durch die Zeichenfolge „ \m/ " dargestellt.

Es gibt zumindestens in Italien den Brauch, mit der Hörnerhand nach unten zu zeigen, um ein Unheil abzuwehren – man verbannt sozusagen den Teufel in die Hölle unter der Erde.

j) ehrfurchteinflößende Geste

ehrfurchteinflößende Geste

Beschreibung: die Hände sind vor der Brust, das linke Handgelenk ist vor dem rechten Handgelenk, Handinnenflächen nach vorn, Kleine Finger senkrecht und aneinanderliegend, Daumen ebenfalls senkrecht, Zeigefinger aufrecht, Mittelfinger leicht gekrümmt, Ringfinger stark gekrümmt

Symbolik/Zweck: Schutz, Macht, Eigenständigkeit in allen drei Welten des buddhistischen Weltbildes

Wirkungsweise: Kombination von zwei Hörner-Händen; alle Finger und die Handflächen sind auf den Gegner gerichtet

Herkunft: Yoga

Anmerkungen: Mudra des Buddha Bhutadamaravajrapani

k) Abwehr von Dämonen

Sakata (Dämonenabwehr)

Beschreibung: bei beiden Händen den Zeigefinger einrollen und auf den Daumen legen, der Mittelfinger geradeaus, der Ringfinger etwas höher, der Kleine Finger ganz hoch

Symbolik/Zweck: Dämonenabwehr (eingerollter Zeigefinger und Daumen = festes Zentrum; ausgestreckte Finger = Stacheln)

Wirkungsweise: alle Finger außer den Zeigefingern strahlen nach vorn

Herkunft: indischer Tempeltanz

11. Hypnose

a) Pendel beim Hypnotisieren

Hypnose-Pendel

Beschreibung: Der Hypnotiseur läßt ca. 50cm vor den Augen des zu Hypnotisierenden ein Pendel schwingen.

Symbolik/Zweck: Beeinflussung des Bewußtseins und der Handlungen des Hypnotisierten

Wirkungsweise: die Gleichschaltung des Bewußtseins von Hypnotiseur und dem Menschen, der hypnotisiert werden soll, durch die Konzentration auf dieselbe Bewegung; dadurch wird es dem Hypnotiseur möglich, das Wachbewußtsein des anderen auszuschalten und sein eigenes Wachbewußtsein an die Stelle des Wachbewußtseins des Hypnotisierten zu setzen

Herkunft: seit mindestens der Antike bekannt

Anmerkungen: Hypnose ist auch ohne Pendel möglich.

12. Kampf

a) Thorn-Rune

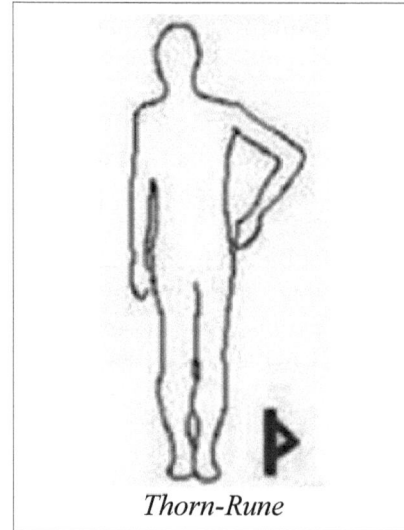

Thorn-Rune

Beschreibung: aufrecht stehen, linke Hand auf linke Hüfte

Symbolik/Zweck: Schwert-Rune, Wehrhaftigkeit, Selbstbewußtsein

ursprünglich: Thorn = Dorn = Schwert des Tyr, später Schwert des Odin; Thorn = Schwertgott Tyr als Riese im Jenseits => Thorn = allgemein Riese; Schwert und Riese => Thorn = sehr beliebte Schadensrune; Thorn = Mistel-Pfeil, mit der Baldur getötet wurde

heute: meistens Riesen-Rune und Schadens-Rune

Wirkungsweise: Nachahmung der Form der Rune – Assoziation zu der Bedeutung der Rune. Das Handchakra seitlich neben dem Hara stärkt die eigene Standfestigkeit.

Herkunft: Deutschland/Österreich um ca. 1880

Anmerkungen: „Thorn" ist eine der Runen, deren Name aus den Tyr-Mythen stammt. Laut: „th"; Name: „thurisaz" (Dorn, Riese, Riesenschwert, Schwert des ehemaligen Sonnengott-Göttervaters Tyr)

b) Thorn-Mudra

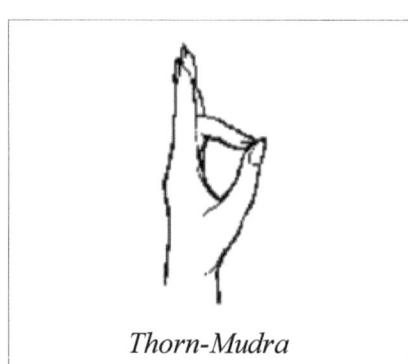

Thorn-Mudra

Beschreibung: Finger aufrecht, die Kuppen von Mittelfinger und Daumen liegen zusammen und bilden die Thorn-Spitze

Symbolik/Zweck: Verstärkung der Thorn-Rune

Wirkungsweise: Nachahmung der Form der Rune – Assoziation zu der Bedeutung der Rune. Das Feuer des Daumens wird mit dem Licht des Mittelfingers verbunden: das Strahlen des Sonnengott-Göttervaters Tyr, dem das Thorn-Schwert gehört.

Herkunft: Deutschland/Österreich um ca. 1880

c) Mushti

Mushti (Drohung)

Beschreibung: den rechten Arm emporstrecken und die Hand zur Faust ballen

Symbolik/Zweck: Drohung; Stärke, Selbstvertrauen, beruhigt das Gemüt, konzentriert auf den Körper

Wirkungsweise: Kampfgeste, Kampfhaltung, alle Kraft (alle Finger) einsgerichtet zusammenführen; die Hand wird zum Hammer

Herkunft: weit verbreitet, Yoga-Mudra

d) Kampfmagie: Werfen

Werfen

Beschreibung: man imaginiert, daß man einen Gegenstand wirft, der dem Gegner schadet

Symbolik/Zweck: Verletzung des Lebenskörpers des anderen

Wirkungsweise: Lebenskraft aussenden; hat nur eine Wirkung, wenn der Magier in solchen Dingen sehr geübt ist

Herkunft: unbekannt

e) Kampfmagie: Schneiden

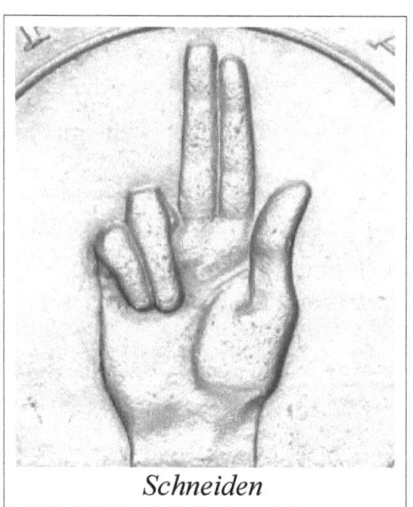

Schneiden

Beschreibung: mit oder ohne passende Geste imaginativ etwas an dem Gegner zerschneiden – in der Regel einen Akupunktur-Meridian, einen der Nadis oder eine andere „Lebenskraft-Ader" im Leib des Betreffenden; die Geste ist meistens die „Schwurhand", d.h. Zeigefinger (Luft), Mittelfinger (Licht) und Daumen (Feuer) liegen aneinander und strahlen Lebenskraft aus, die beiden anderen Finger sind eingerollt

Symbolik/Zweck: Schwächung des Gegners

Wirkungsweise: Lebenskraft aussenden; funktioniert nur, wenn der Magier in solchen Dingen sehr geübt ist

Herkunft: unklar

f) Kampfmagie: Stoßen

Stoßen

Beschreibung: mit oder ohne Geste wird der Gegner durch die eigene Imagination real umgestoßen (der Gegner fällt tatsächlich hin)

Symbolik/Zweck: den Gegner besiegen

Wirkungsweise: Lebenskraft aussenden; funktioniert nur, wenn der Magier in solchen Dingen sehr geübt ist

Herkunft: asiatische Kampfkünste

g)   Schwert-Schwingen

Schwert-Schwingen

zwei ägyptische Hieroglyphen für
„zwingen"

Beschreibung: in Kriegstänzen werden die Waffen (Schwert, Speer, Bogen, Messer usw.) erhoben, geschüttelt, mit ihnen in die Luft geschlagen usw.

Symbolik/Zweck/Wirkungsweise: Herstellung der Einsgerichtetheit auf den bevorstehenden Kampf; pantomimische Übung

Herkunft: weit verbreitet

Anmerkungen: Mit der Einstellung, daß man wirklich jemanden besiegen will, können solche Tänze sehr viel Kraft wachrufen. Die afrikanischen Kriegstänze enthalten viele weitere Elemente wie den symbolischen Ritt zu dem Gegner, das Anfeuern der Krieger durch die Frauen, die Zauberstäbe der Frauen, Wechselgesänge mit den Trommlern, die Anrufung von früheren Häuptlingen, die einen Krieg gewonnen haben usw.

h) Stärke

Hieroglyphe für „Stärke"

Beschreibung: ein Mann hält zwei symbolisch nur durch ihre Köpfe dargestellte Panther

Symbolik/Zweck: Symbol/Geste für „Stärke"

Wirkungsweise: Wenn man imaginiert – evtl. mit der Haltung des Mannes in dem Hieroglyphen-Zeichen – daß man zwei Panther neben sich hält, die einem helfen, kann das die eigene Ausstrahlung beachtlich verstärken. Es ist natürlich sinnvoll, diese Geste und diese Imagination bereits vor der Begegnung mit dem Gegner oder der schwierigen Situation zu üben, durchzuführen und sich auf diese Weise zu stärken.

Herkunft: Ägypten (Hieroglyphe)

Anmerkungen: Diese Haltung wurde damals nicht als Geste verwendet, kann aber trotzdem durchaus so benutzt werden. Die beiden Panther finden sich schon um 10.000 v.Chr. in den Tempeln von Göbekli Tepe und um 7.000 v.Chr. in Çatal Höyük (beides in Nordmesopotamien), als die Panther der Mafdet und als beiden Ru-Löwen in Ägypten, als die beiden Löwen vor dem Tempeltor (ganz Eurasien), als die Löwen vor dem Streitwagen der Astarte, als die beiden Katzen vor dem Streitwagen der Freya usw. Diese Panther-Geste stellt den Betreffenden unter den Schutz der Panthergöttin Mafdet bzw. später unter den Schutz der Löwengöttin Sachmet.

13. Unterwerfung

a) sich erheben

sich erheben

Beschreibung: aufstehen, wenn Hochrangige den Raum betreten

Symbolik/Zweck: Respekt bezeugen, die Rangordnung betonen; auch in religiösen Zusammenhängen; das sich Erheben, wenn der Lehrer, der König o.ä. den Raum betritt, ist eine Kurzform der Parade

Wirkungsweise: Geste der Unterordnung

Herkunft: Europa

b) Handkuß

Handkuß

Beschreibung: die Hand eines anderen küssen

Symbolik/Zweck: Ausdruck von Verehrung und zudem der Suche nach Nähe oder der Bitte um einen Segen; auch in religiösen Zusammenhängen

Wirkungsweise: Herstellen eines engeren Kontaktes als beim Händereichen

Herkunft: Europa

Herkunft: weit verbreitet

c) Kniefall

Kniefall

Beschreibung: auf ein ein Knie niedersinken, den Kopf beugen

Symbolik/Zweck: Unterwerfung, Unterordnung, Gehorsam bezeugen; auch in religiösen Zusammenhängen

Wirkungsweise: Unterordnung

Herkunft: weit verbreitet, vermutlich Europa

d) Kotau

Kotau

Beschreibung: sich so tief verbeugen, daß der Kopf den Boden berührt; dabei geht man auf die Knie

Symbolik/Zweck/Wirkungsweise: Verehrung, Unterordnung, Unterwerfung; auch in Bezug auf eine Gottheit im Gebet

Herkunft: Eurasien

e) Fußkuß

Fußkuß

Beschreibung: den Fuß bzw. Schuh eines anderen küssen
Symbolik/Zweck/Wirkungsweise: sehr deutliche Geste der Verehrung und Unterwerfung
Herkunft: vermutlich Europa

f) sich mit dem Bauch auf den Boden legen

sich auf dem Bauch liegen

Beschreibung: mit dem Bauch auf den Boden legen, Gesicht nach unten
Symbolik/Zweck/Wirkungsweise: vollständige Unterwerfung, vollständige Hingabe
Herkunft: Priesterweihe, Mönchsweihe und Nonnenweihe im Christentum; auch eine spontane Geste in Familienaufstellungen, die vollständige Resignation ausdrückt

g) jemanden am Handgelenk fassen

Handgelenk-Griff

Beschreibung: der Dominante ergreift den Untergeordneten an seinem Handgelenk und führt ihn
Symbolik/Zweck: Lenkung, Anweisung, Ausdruck von Dominanz; kommt z.B. in Orden mit strenger Hierarchie vor; manchmal auch bei Eltern gegenüber Kindern
Wirkungsweise: konkretes Lenken des Untergeordneten

14. Aussöhnung

a) Ho'oponopono

Ho'oponopono-Kranz

Beschreibung: Die Beteiligten an dem beigelegten Streit legen sich gegenseitig einen Kranz aus den Früchten des Hala-Baumes um.

Symbolik/Zweck: Beendung eines Streites

Wirkungsweise: symbolisch; Schmücken des Halschakras, das für den sozialen Selbstausdruck und somit auch für die Verständigung zuständig ist

Name: Der Name „Ho'oponopono" stammt aus Hawaii und bedeutet in etwa „etwas wieder in den richtung Zustand bringen".

Herkunft: Hawaii

Anmerkungen: Das Ho'oponopono-Ritual ist insgesamt recht komplex und enthält Aussprachen, einen neutralen Gesprächsleiter, Familienaufstellungs-ähnliche Elemente usw. Das Umlegen des Früchte-Kranzes ist nur der Abschluß dieses Rituals, das die Wiederherstellung der Richtigkeit und daher auch der Harmonie bezeugt.

B Die vier Elemente und die Quintessenz

1. Licht

a) Licht-Symbol

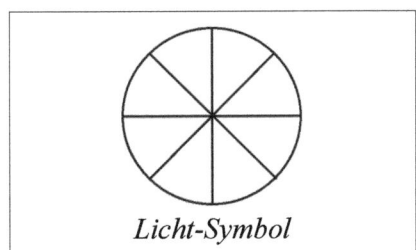

Licht-Symbol

Beschreibung: Ein Symbol des Elementes wird mit der Hand in die Luft „gezeichnet" und dabei imaginiert. In der Regel wird dabei das abgebildete alchemistische Symbol verwendet.

Symbolik/Zweck: Kontakt zu dem Element

Wirkungsweise: Definition des Symbols und Assoziation dazu

Herkunft: Golden Dawn

b) Licht-Pentagramm

Licht-Pentagramm

Beschreibung: Ein Pentagramm und das Elemente-Symbol wird in die Luft „gezeichnet" und imaginiert.

Symbolik/Zweck: Wenn das Pentagramm im Uhrzeigersinn gezogen wird, handelt es sich um eine Bannung (Beginn: links oben); wenn es gegen den Uhrzeigersinn gezogen wird, handelt es sich um eine Anrufung (Beginn: rechts unten).

Wirkungsweise: Definition des Symbols und Assoziation dazu

Herkunft: Golden Dawn

c) Licht-Gruß

Öffnen des Vorhangs

Beschreibung: Geste des Öffnens eines zwei-teiligen Vorhangs – den Vorhang mit einer Bewe-gung von oben nach unten teilen und ihn dann mit einer Bewegung nach links und rechts öffnen

Symbolik/Zweck: öffnen des Zugangs zum Be-reich des Lichts und der Lebenskraft allgemein

Wirkungsweise: Definition des Symbols und Assoziation dazu

Herkunft: Golden Dawn

2. Feuer

a) Feuer-Symbol

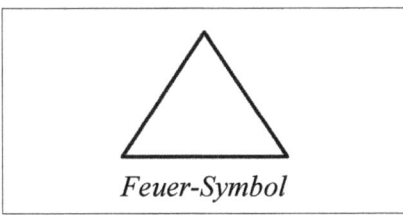

Feuer-Symbol

Herkunft: Golden Dawn

Beschreibung: Ein Symbol des Elementes wird mit der Hand in die Luft „gezeichnet" und dabei imaginiert. In der Regel wird dabei das abgebildete alchemistische Symbol verwendet.

Symbolik/Zweck: Kontakt zu dem Element

Wirkungsweise: Definition des Symbols und Assoziation dazu

b) Feuer-Pentagramm

Feuer-Pentagramm

Beschreibung: Ein Pentagramm und das Elemente-Symbol wird in die Luft „gezeichnet" und imaginiert.

Symbolik/Zweck: Wenn das Pentagramm im Uhrzeigersinn gezogen wird, handelt es sich um eine Bannung (Bgeinn: oben Mitte); wenn es gegen den Uhrzeigersinn gezogen wird, handelt es sich um eine Anrufung (Beginn: unten rechts).

Wirkungsweise: Definition des Symbols und Assoziation dazu

Herkunft: Golden Dawn

c) Feuer-Gruß

Feuer-Gruß

Beschreibung: vor der Stirn wird mit Daumen und Zeigefingern das aufrechte Dreieck des Feuer-Symbols gebildet

Symbolik/Zweck: Begrüßung und Einladung der Feuer-Geister („Salamander")

Wirkungsweise: Definition des Symbols und Assoziation dazu

Herkunft: Golden Dawn

Anmerkungen: Von Crowley wird diese Geste der Göttin „Thoum-aesh-neith" zugeordnet.

3. Luft

a) Luft-Symbol

Luft-Symbol

Beschreibung: Ein Symbol des Elementes wird mit der Hand in die Luft „gezeichnet" und dabei imaginiert. In der Regel wird dabei das abgebildete alchemistische Symbol verwendet.

Symbolik/Zweck: Kontakt zu dem Element

Wirkungsweise: Definition des Symbols und Assoziation dazu

Herkunft: Golden Dawn

b) Luft-Pentagramm

Luft-Pentagramm

Beschreibung: Ein Pentagramm und das Elemente-Symbol wird in die Luft „gezeichnet" und imaginiert.

Symbolik/Zweck: Wenn das Pentagramm im Uhrzeigersinn gezogen wird, handelt es sich um eine Bannung (Beginn: oben rechts); wenn es gegen den Uhrzeigersinn gezogen wird, handelt es sich um eine Anrufung (Beginn: oben links).

Wirkungsweise: Definition des Symbols und Assoziation dazu

Herkunft: Golden Dawn

c) Luft-Gruß

Luft-Gruß

Beschreibung: Oberarme zur Seite, Unterarm nach oben, Hände zur Seite, Handfläche nach oben („den Himmel tragen")

Symbolik/Zweck: Begrüßung und Einladung der Luft-Geister („Sylphen")

Wirkungsweise: Definition des Symbols und Assoziation dazu

Herkunft: Golden Dawn

d) Vayu

Vayu (Luft, Wind)

Beschreibung: rechte Hand nach oben, Zeigefinger unter den Daumen klemmen, die anderen drei Finger aufrecht und leicht gespreizt

Symbolik/Zweck: Anrufung des Windes; befreit von Blähungen; hilft gegen Arthritis, Gelenkbeschwerden und Parkinson (macht beweglicher)

Wirkungsweise: das Feuer des Daumens leitet die Luft des Zeigefingers in das Feuer des Daumenballens

Herkunft: Yoga

e) Allongé

Allongé

Beschreibung: die Finger und der Daumen sind leicht nach innen gebogen; sie berühren einander nicht, aber sind auch nicht gespreizt; der Mittelfinger ragt etwas weiter nach innen als die anderen Finger

Symbolik/Zweck: Ausdruck von Leichtigkeit und Schwerelosigkeit

Wirkungsweise: optischer Eindruck

Herkunft: Grundhaltung der Hand im klassischen Ballett

4. Wasser

a) Wasser-Symbol

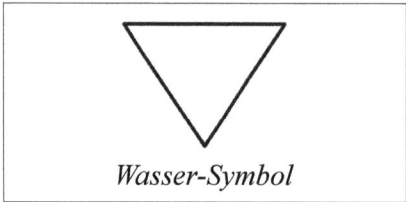

Wasser-Symbol

Beschreibung: Ein Symbol des Elementes wird mit der Hand in die Luft „gezeichnet" und dabei imaginiert. In der Regel wird dabei das abgebildete alchemistische Symbol verwendet.

Symbolik/Zweck: Kontakt zu dem Element

Wirkungsweise: Definition des Symbols und Assoziation dazu

Herkunft: Golden Dawn

b) Wasser-Pentagramm

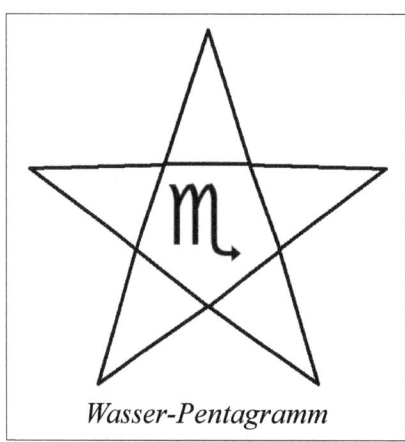

Wasser-Pentagramm

Beschreibung: Ein Pentagramm und das Elemente-Symbol wird in die Luft „gezeichnet" und imaginiert.

Symbolik/Zweck: Wenn das Pentagramm im Uhrzeigersinn gezogen wird, handelt es sich um eine Bannung (Beginn: oben rechts); wenn es gegen den Uhrzeigersinn gezogen wird, handelt es sich um eine Anrufung (Beginn: oben links).

Wirkungsweise: Definition des Symbols und Assoziation dazu

Herkunft: Golden Dawn

c) Wasser-Gruß

Wasser-Gruß

Beschreibung: Die Daumen und die Zeigefinger beider Hände formen vor der Brust das nach unten weisende Dreieck des Wasser-Symbols.

Symbolik/Zweck: Begrüßung und Einladung der Wassergeister („Undinen", „Nixen")

Wirkungsweise: Definition des Symbols und Assoziation dazu

Herkunft: Golden Dawn

Anmerkungen: Crowley ordnet dieser Geste die Göttin „Auramoth" zu.

d) Budhi

Budhi (Wasser)

Beschreibung: Hand ausstrecken, Handfläche nach oben, Daumen auf der Spitze des Kleinen Fingers, die anderen Finger ausgestreckt, den Ringfinger etwas höher als die beiden anderen

Symbolik/Zweck: stärkt alle Körpertätigkeiten, die mit Flüssigkeiten zu tun haben

Wirkungsweise: das Feuer des Daumens aktiviert das Wasser des Kleinen Fingers; die übrigen drei Finger sind entspannt ein klein wenig gespreizt

Herkunft: Yoga

e) Is-Rune

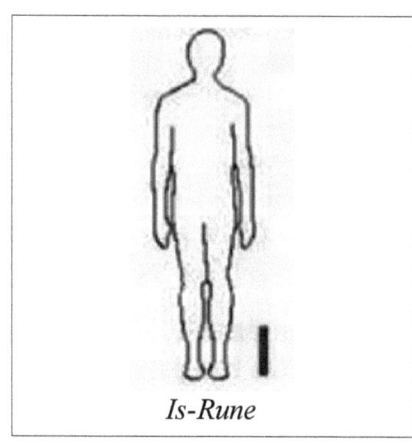

Is-Rune

Beschreibung: aufrecht stehen; Arme entweder herabhängen lassen oder gerade und parallel zueinander über den Kopf hinaufstrecken

Symbolik/Zweck: ursprünglich: Eis; Schiffs-Schutz; heute: Zentrierung, aufrecht und aufrichtig sein

Wirkungsweise: Nachahmung der Form der Rune – Assoziation zu der Bedeutung der Rune; gerade Haltung

Herkunft: Deutschland/Österreich um ca. 1880

Anmerkungen: Laut: „i"; Name: „isaz" (Eis)

f) Is-Mudra

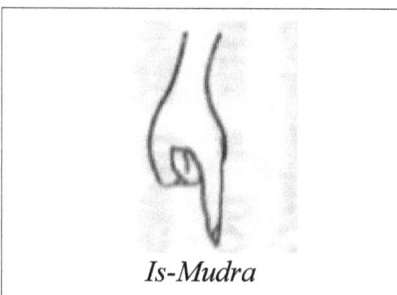

Is-Mudra

Beschreibung: Faust; der Zeigefinger wird aus-gestreckt

Symbolik/Zweck: Verstärkung der Is-Rune

Wirkungsweise: Nachahmung der Form der Rune – Assoziation zu der Bedeutung der Rune

Herkunft: Deutschland/Österreich um ca. 1880

Anmerkungen: Dieses Runen-Mudra entspricht dem Sende- und Fluch-Mudra.

5. Erde

a) Erd-Symbol

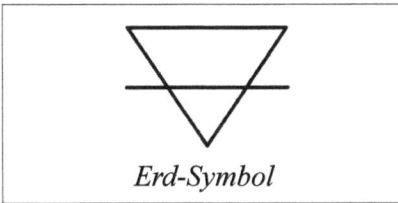

Erd-Symbol

Beschreibung: Ein Symbol des Elementes wird mit der Hand in die Luft „gezeichnet" und dabei imaginiert. In der Regel wird dabei das abgebildete alchemistische Symbol verwendet.

Symbolik/Zweck: Kontakt zu dem Element

Wirkungsweise: Definition des Symbols und Assoziation dazu

Herkunft: Golden Dawn

b) Erd-Pentagramm

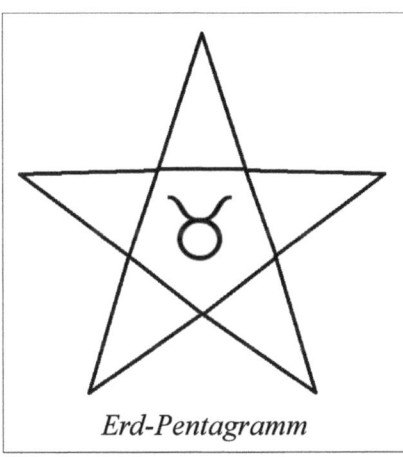

Erd-Pentagramm

Beschreibung: Ein Pentagramm und das Elemente-Symbol wird in die Luft „gezeichnet" und imaginiert.

Symbolik/Zweck: Wenn das Pentagramm im Uhrzeigersinn gezogen wird, handelt es sich um eine Bannung (Beginn: oben Mitte); wenn es gegen den Uhrzeigersinn gezogen wird, handelt es sich um eine Anrufung (Beginn: unten links).

Wirkungsweise: Definition des Symbols und Assoziation dazu

Herkunft: Golden Dawn

c) Erd-Gruß

Erd-Gruß

Beschreibung: rechter Arm schräg nach vorne oben, linker Arm schräg nach hinten unten

Symbolik/Zweck: Begrüßung und Einladung der Erdgeister („Zwerge")

Wirkungsweise: Definition des Symbols und Assoziation dazu

Herkunft: Golden Dawn

Anmerkungen: Diese Haltung entspricht in etwa der Haltung des Magiers im Tarot.

Es ist nicht ausgeschlossen, daß der Nazi-Gruß von dieser Erd-Geste abgeleitet worden ist: 1. Hitler war an solchen Symboliken interessiert; 2. Hitler war Stier (astrologisches Erdzeichen); und 3. braun (politische Farbe, Farbe der Nazi-Kleidung) ist die Farbe der Erde. Der Erd-Gruß als solcher ist jedoch „politisch neutral".

d) Prithivi

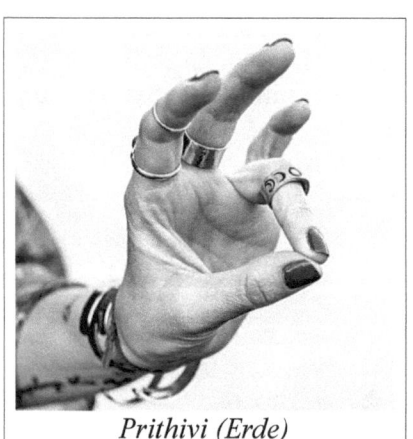

Prithivi (Erde)

Beschreibung: Handrücken nach unten; Zeigefinger-Kuppe an Daumenkuppe; die anderen drei Finger leicht nach oben gebeugt

Symbolik/Zweck: Anrufung der Erde; Verstärkung des Einflusses des Elementes Erde; generelle Stärkung; stärkt den Geruchssinn

Wirkungsweise: Das Feuer des Daumens aktiviert die Erde des Ringfingers.

Herkunft: Yoga

e) Othila-Rune

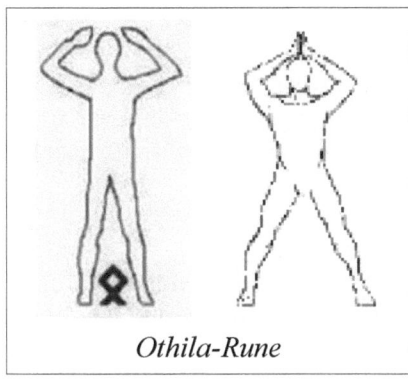

Othila-Rune

Beschreibung: aufrecht, die Beine leicht gespreizt; die Arme mit seitlich abgewinkeltem Ellenbogen nach oben; die Handflächen aneinander

Symbolik/Zweck: ursprüngliche Bedeutung und Verwendung: Erb-Hof, Stammsitz; heute: Besitz, aber auch senden und empfangen u.a.

Wirkungsweise: Nachahmung der Form der Rune – Assoziation zu der Bedeutung der Rune

Herkunft: Deutschland/Österreich um ca. 1880

Anmerkungen: Besitz und Geschenke gehören zum Element Erde; Laut: „o"; Name: „othila, othala"; Bedeutung des Wortes: Erbe (von „othila" leitet sich das deutsche „edel" ab, das ursprünglich „Erbhof" bedeutet hat; ein Edler ist also jemand, der einen Hof oder eine Burg geerbt hat)

f) Othila-Mudra

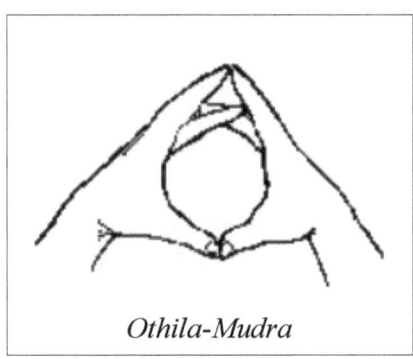

Othila-Mudra

Beschreibung: Daumenkuppen aneinander, Zeigefingerkuppen aneinander; die übrigen Finger leicht gefaltet – sie berühren sich am zweiten Fingerglied

Symbolik/Zweck: Verstärkung der Othil-Rune

Wirkungsweise: Nachahmung der Form der Rune – Assoziation zu der Bedeutung der Rune

Herkunft: Deutschland/Österreich um ca. 1880

g) Ur-Rune

Auch die Haltung und das Mudra der Ur-Rune, die bereits in dem Kapitel über das Heraufrufen der Lebenskraft beschrieben worden ist, gehören zu den Runen des Erd-Elementes.

C Die Planeten

1. Erde-Symbol

a) Erde

Erd-Symbol

Beschreibung: das Planeten-Symbol mit einer Geste in die Luft zeichnen und imaginieren

Symbolik: Mutter Erde, Geborgenheit, Nahrung, Grundlage

Zweck: sich selber (Invokation) oder einen Gegenstand (Talisman o.ä.) oder einen Raum (Tempel) mit der Qualität dieses Planeten erfüllen

Wirkungsweise: Durch das „in die Luft zeichnen" und die Imagination werden alle Assoziationen zu dem Planeten-Symbol aktiviert, die Konzentration auf diese Qualitäten erhöht und evtl. die Planeten-Gottheit gerufen, d.h. invoziert oder evoziert.

Herkunft: Mittelalter

b) Erde-Hexagramm

Erd-Hexagramm

Beschreibung: das Hexagramm und das Planeten-Symbol in ihm mit einer Geste in die Luft zeichnen und imaginieren; erstes Dreieck von unten aus im Uhrzeigersinn, 2. Dreieck von oben aus im Uhrzeigersinn

Symbolik/Zweck/Wirkungsweise: wie beim Planeten-Symbol, nur stärker

Herkunft: neu; vom Golden Dawn inspiriert

2. Mond

a) Mond-Symbol

Mond-Symbol

Beschreibung: das Planeten-Symbol mit einer Geste in die Luft zeichnen und imaginieren

Symbolik: Kind, Mutter, Geborgenheit, Stillen, Brust, Schoß, Nahrung, Schutz, Wärme, Kontakt, Psyche, Träume, Lebenskraft, Telepathie, Telekinese, Gemeinschaft

Zweck: sich selber (Invokation) oder einen Gegenstand (Talisman o.ä.) oder einen Raum (Tempel) mit der Qualität des Planeten erfüllen

Wirkungsweise: Durch das „in die Luft zeichnen" und die Imagination werden alle Assoziationen zu dem Planeten-Symbol aktiviert, die Konzentration auf diese Qualitäten erhöht und evtl. die Planeten-Gottheit gerufen, d.h. invoziert oder evoziert.

Herkunft: Golden Dawn

b) Mond-Hexagramm

Mond-Hexagramm

Beschreibung: das Hexagramm und das Planeten-Symbol in ihm mit einer Geste in die Luft zeichnen und imaginieren; erstes Dreieck von unten aus im Uhrzeigersinn, 2. Dreieck von oben aus im Uhrzeigersinn

Symbolik/Zweck/Wirkungsweise: wie beim Planeten-Symbol, nur stärker

Herkunft: Golden Dawn

c) zunehmender Mond

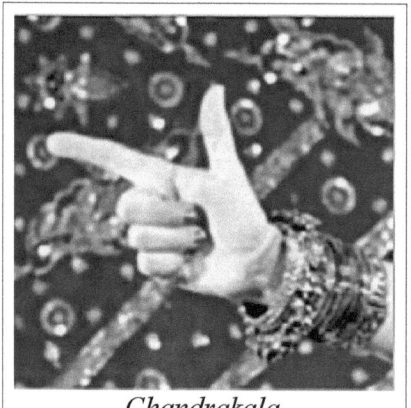

Chandrakala
(zunehmender Mond)

Beschreibung: Hand senkrecht, Zeigefinger zeigt nach vorne, Daumen zeigt nach oben, die anderen drei Finger eingerollt

Symbolik/Zweck: Symbolisierung des zunehmenden Mondes, Wachstum, Förderung, Reifen

Wirkungsweise: Assoziation zum zunehmenden Mond und dessen Qualitäten; Feuer (Daumen) und Luft (Zeigefinger) ergibt Expansion; die anderen drei Elemente sind inaktiv, da die betreffenden Finger eingerollt sind

Herkunft: indischer Tempeltanz

d) Halbmond

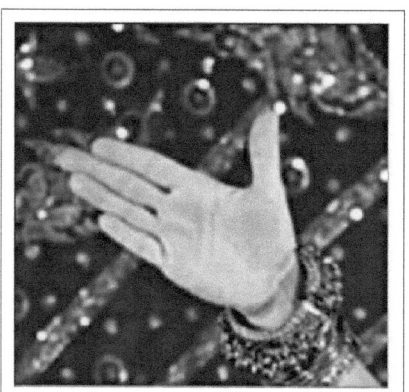

Ardhachandra (Halbmond)

Beschreibung: Handfläche gerade, Finger aneinander, Daumen abgespreizt

Symbolik/Zweck: symbolisiert Mond, Speer, Gedanken, Sorgen, Angst; Klärung und Beruhigung

Wirkungsweise: Assoziation zum Halbmond; die Geste fühlt sich an wie Erwartung, auf etwas zugehen, Öffnung (abgespreizter Daumen), Freilassen, Raum geben

Herkunft: indischer Tempeltanz

e) Eurythmie-Mond

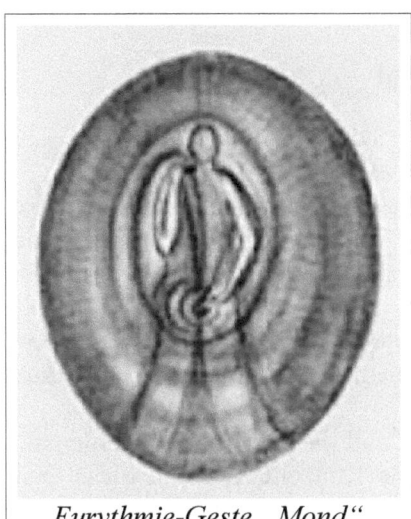

Eurythmie-Geste „Mond"

Beschreibung: aufrecht; linker Ellenbogen leicht zur Seite abgewinkelt, Hand vor Genitalien; rechter Oberarm nach unten, kurz vor dem Körper, linke Hand seitlich vor dem Kinn

Symbolik/Zweck: Illustration und evtl. auch Anrufung der Planetenqualität

Wirkungsweise: die linke Hand schützt oder aktiviert das Wurzelchakra; die rechte Hand leitet die Kraft in das Halschakra; zusammen ruft man die eigene Kraft (Wurzelchakra) in die Gemeinschaft (Halschakra)

Herkunft: Eurythmie (Rudolf Steiner, ca. 1910)

3. Merkur

a) Merkur-Symbol

Merkur-Symbol

Beschreibung: das Planeten-Symbol mit einer Geste in die Luft zeichnen und imaginieren

Symbolik: Schüler, Verstand, Denken, Sprechen, Schreiben, Verstehen, Lernen, Argumentieren, Zusammenhänge erkennen, Analyse, List, Geschick

Zweck: sich selber (Invokation) oder einen Gegenstand (Talisman o.ä.) oder einen Raum (Tempel) mit der Qualität des Planeten erfüllen

Wirkungsweise: Durch das „in die Luft zeichnen" und die Imagination werden alle Assoziationen zu dem Planeten-Symbol aktiviert, die Konzentration auf diese Qualitäten erhöht und evtl. die Planeten-Gottheit gerufen, d.h. invoziert oder evoziert.

Herkunft: Golden Dawn

b) Merkur-Hexagramm

Merkur-Hexagramm

Beschreibung: das Hexagramm und das Planeten-Symbol in ihm mit einer Geste in die Luft zeichnen und imaginieren; erstes Dreieck von links unten aus im Uhrzeigersinn, 2. Dreieck von rechts oben aus im Uhrzeigersinn

Symbolik/Zweck/Wirkungsweise: wie beim Planeten-Symbol, nur stärker

Herkunft: Golden Dawn

c) Eurythmie-Merkur

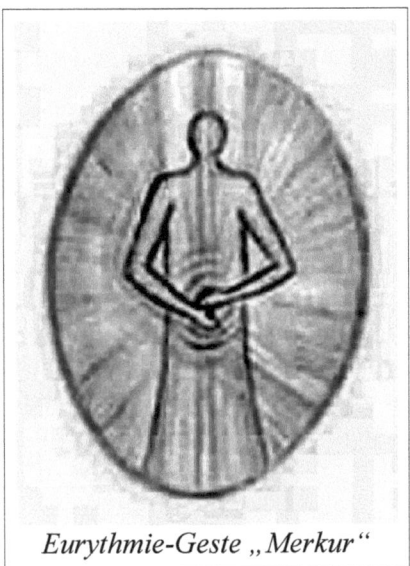

Eurythmie-Geste „Merkur"

Beschreibung: beide Hände vor dem Hara; die rechte Hand (Stärke) unten als Schale für die linke, obere Hand (Weisheit), die zum Hara weist

Symbolik/Zweck: Illustration und evtl. auch Anrufung der Planetenqualität

Wirkungsweise: Standfestigkeit durch die Stärkung des Haras; das Hara und das Dritte Auge sind die beiden Form-Chakras; die Stärke der rechten Hand stützt die Weisheit der linken Hand – also u.a. Schutz beim Sprechen und Argumentieren vor einer Versammlung (ähnelt der berühmten „Merkel-Raute")

Herkunft: Eurythmie (Rudolf Steiner, ca. 1910)

4. Venus

a) Venus-Symbol

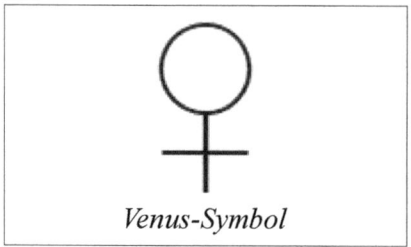

Venus-Symbol

Beschreibung: das Planeten-Symbol mit einer Geste in die Luft zeichnen und imaginieren

Symbolik: Jugendliche, Gefühle, Schönheitssinn, Harmonie, Erotik, Freundlichkeit, Flirten

Zweck: sich selber (Invokation) oder einen Gegenstand (Talisman o.ä.) oder einen Raum (Tempel) mit der Qualität des Planeten erfüllen

Wirkungsweise: Durch das „in die Luft zeichnen" und die Imagination werden alle Assoziationen zu dem Planeten-Symbol aktiviert, die Konzentration auf diese Qualitäten erhöht und evtl. die Planeten-Gottheit gerufen, d.h. invoziert oder evoziert.

Herkunft: Golden Dawn

b) Venus-Hexagramm

Venus-Hexagramm

Beschreibung: das Hexagramm und das Planeten-Symbol in ihm mit einer Geste in die Luft zeichnen und imaginieren; erstes Dreieck von rechts unten aus im Uhrzeigersinn, 2. Dreieck von links oben aus im Uhrzeigersinn

Symbolik/Zweck/Wirkungsweise: wie beim Planeten-Symbol, nur stärker

Herkunft: Golden Dawn

c) Eurythmie-Venus

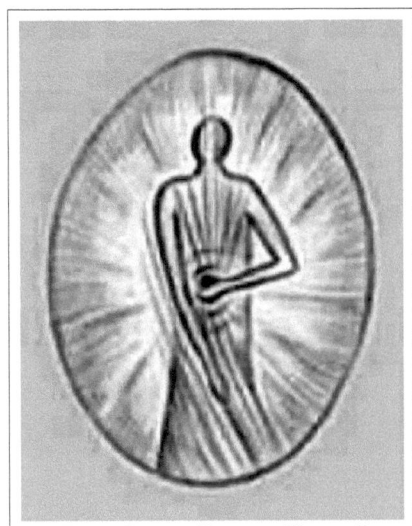

Eurythmie-Geste „Venus"

Beschreibung: aufrecht; linker Arm im Ellenbogen zur Seite hin abgewinkelt, Hand vor dem Sonnengeflecht; rechter Arm zeigt schräg nach links unten, die Hand ist ungefähr auf der rechten Seite des linken Oberschenkels; die Geste ähnelt der Geste der Venus von Sandro Boitticelli

Symbolik/Zweck: Illustration und evtl. auch Anrufung der Planetenqualität

Wirkungsweise: die linke (weise, aufnehmende) Hand betont das Sonnengeflecht, das eines der beiden Gefühls-Chakren ist (das andere ist das Halschakra) – das Sonnengeflecht als inneres Gefühlschakra strebt nach ungehindertem körperlichem Selbstausdruck; die rechte (starke, ausstrahlende) Hand kreuzt teilweise den Körper und bremst die Impulse der linken Hand; die Kombination der beiden Gesten ergibt einen kontrollierten emotionalen Selbstausdruck

Herkunft: Eurythmie (Rudolf Steiner, ca. 1910)

95

d)   Venus-Geste

Venus-Gruß	*Venus von Sandro Botticelli*

Beschreibung: aufrecht stehen, rechte Hand auf die linke Brust, linke Hand auf die Scham

Symbolik/Zweck: Begrüßung und Anrufung der Venus

Wirkungsweise: wie die Venus-Eurythmie-Geste eine Nachahmung der Venus von Sandro Botticelli; die rechte Hand (Stärke) schützt das Herzchakra, die linke Hand (Weisheit) schützt die Scham

Herkunft: Crowley – er nennt diese Geste „Zeichen der Keuschheit" und ordnet sie „Puella" (Mädchen) und „Venus Pudica" (keusche Venus) sowie dem „Kind des Abgrunds" (Da'ath) zu.

5. Sonne

a) Sonnen-Symbol

Sonnen-Symbol

Beschreibung: das Planeten-Symbol mit einer Geste in die Luft zeichnen und imaginieren

Symbolik: Erwachsener, König, Entscheiden, Bestimmen, Lenken, Gestalten, Zentrum, Individualität, Mitte, Zentrum, Hauptstadt

Zweck: sich selber (Invokation) oder einen Gegenstand (Talisman o.ä.) oder einen Raum (Tempel) mit der Qualität des Planeten erfüllen

Wirkungsweise: Durch das „in die Luft zeichnen" und die Imagination werden alle Assoziationen zu dem Planeten-Symbol aktiviert, die Konzentration auf diese Qualitäten erhöht und evtl. die Planeten-Gottheit gerufen, d.h. invoziert oder evoziert.

Herkunft: Golden Dawn

b) Sonnen-Hexagramm

Sonnen-Hexagramm

Beschreibung: das Hexagramm und das Planeten-Symbol in ihm mit einer Geste in die Luft zeichnen und imaginieren; erstes Dreieck von oben aus im Uhrzeigersinn, 2. Dreieck von unten aus im Uhrzeigersinn

Symbolik/Zweck/Wirkungsweise: wie beim Planeten-Symbol, nur stärker

Herkunft: Golden Dawn

c) Sonnen-Mudra

Pushan (Sonne)

Beschreibung: Hand ausgestreckt, Handfläche nach oben, Zeigefinger und Mittelfinger gerade ausgestreckt, die anderen drei Finger berühren sich mit ihrer Spitze

Symbolik/Zweck: Wohlergehen, Nahrung, Sonne; Anrufung der Sonne

Wirkungsweise: Licht (Zeigefinger) und Luft (Mittelfinger) verbinden sich zu „Licht in der Luft", also „Sonne am Himmel"; darunter liegt die Erde (Ringfinger) mit dem Wasser (Kleiner Finger) und dem Feuer (Daumen); diese Geste scheint mehr durch die Finger-Symbolik als durch die Kombination der Lebenskraft-Qualitäten in den Fingern geprägt zu sein, aber das Mudra hat auf jeden Fall eine helle, warme Ausstrahlung

Herkunft: Yoga

Anmerkungen: Pushan ist der Mann der Surja, die die Tochter der Sonnengöttin ist. Er ist ein blonder, bärtiger Mann, der einen von Ziegen gezogen Streitwagen fährt – was sehr an den germanischen Thor erinnert. Pushan ist auch selber ein Sonnengott.

d) Zai

Zai
(Geste des Ringes der Sonne)

Beschreibung: Handflächen nach vorn; alle Finger gespreizt, die beiden Daumenspitzen berühren sich, ebenso die beiden Zeigefingerspitzen

Symbolik/Zweck: Anrufung der Sonne

Wirkungsweise: Strahlen, Abwehr, Schutz; symbolische Darstellung der aufgehenden Sonne (Dreieck) mit ihren Strahlen (Finger); die Handflächen strahlen evtl. Lebenskraft aus – dann wäre es auch eine Segnungsgeste

Herkunft: China

e) Eurythmie-Sonne

Eurythmie-Geste „Sonne"

Beschreibung: aufrecht; rechter Arm nach unten; linker Oberarm nach unten, Hand vor dem Herzchakra

Symbolik/Zweck: Illustration und evtl. auch Anrufung der Planetenqualität

Wirkungsweise: äußerlich inaktiv (hängender rechter Arm); innerlich auf die Seele im Herzchakra konzentriert; das Herzchakra ist das „Sonnenchakra" und das Zentrum des Chakrensystems; die Kombination beider Handgesten ergibt Verinnerlichung

Herkunft: Eurythmie (Rudolf Steiner, ca. 1910)

6. Mars

a) Mars-Symbol

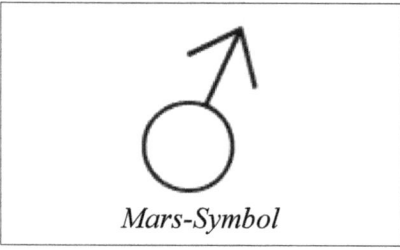

Mars-Symbol

Beschreibung: das Planeten-Symbol mit einer Geste in die Luft zeichnen und imaginieren

Symbolik: Krieger, Amazone, Tatkraft, Kampf, Durchsetzungsvermögen, Sport, Sexualität, Lachen, Weinen, Zittern, Wut, Ekstase

Zweck: sich selber (Invokation) oder einen Gegenstand (Talisman o.ä.) oder einen Raum (Tempel) mit der Qualität des Planeten erfüllen

Wirkungsweise: Durch das „in die Luft zeichnen" und die Imagination werden alle Assoziationen zu dem Planeten-Symbol aktiviert, die Konzentration auf diese Qualitäten erhöht und evtl. die Planeten-Gottheit gerufen, d.h. invoziert oder evoziert.

Herkunft: Golden Dawn

b) Mars-Hexagramm

Mars-Hexagramm

Beschreibung: das Hexagramm und das Planeten-Symbol in ihm mit einer Geste in die Luft zeichnen und imaginieren; erstes Dreieck von oben links aus im Uhrzeigersinn, 2. Dreieck von unten rechts aus im Uhrzeigersinn

Symbolik/Zweck/Wirkungsweise: wie beim Planeten-Symbol, nur stärker

Herkunft: Golden Dawn

c) Eurythmie-Mars

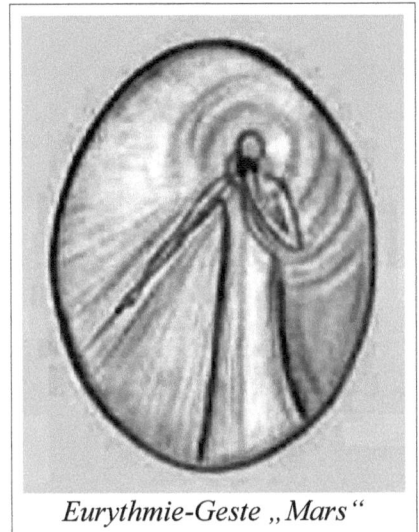

Eurythmie-Geste „Mars"

Beschreibung: aufrecht; linker Oberarm leicht zur Seite abgewinkelt, Hand vor dem oberen Brustbein und dem Hals, die Hand ist gerade und senkrecht ausgestreckt, die Handfläche weist nach rechts; der rechte Arm und die rechte Hand weisen in einer geraden Linie schräg nach rechts unten

Symbolik/Zweck: Illustration und evtl. auch Anrufung der Planetenqualität

Wirkungsweise: Die linke Hand zeigt Entschiedenheit beim Aufsteigen der Impulse aus dem Herzchakra durch das Thymus-Nebenchakra oben am Brustbein und weiter durch das Halschakra. Im Herzchakra liegt die Identität, das Thmyus-Nebenchakra verwandelt die Identität in konkrete Impulse, und das Halschakra zeigt diese Impulse der Welt. Das linke Handgelenk schützt zusätzlich noch das Herzchakra. Der rechte Arm und die rechte Hand formen durch ihre Gerade „hartes Chi" und lenken sie zur Erde – die Impulse der linken Hand werden geerdet, d.h. sie werden verwirklicht. Die beiden Gesten zusammen ergeben somit die Qualität der Durchsetzungskraft.

Herkunft: Eurythmie (Rudolf Steiner, ca. 1910)

7. Jupiter

a) Jupiter-Symbol

Jupiter-Symbol

Beschreibung: das Planeten-Symbol mit einer Geste in die Luft zeichnen und imaginieren
Symbolik: Manager, Kaufmann, Organisator, Koordination, Aufbau, Reife, Genießen, Fülle
Zweck: sich selber (Invokation) oder einen Gegenstand (Talisman o.ä.) oder einen Raum (Tempel) mit der Qualität des Planeten erfüllen
Wirkungsweise: Durch das „in die Luft zeichnen" und die Imagination werden alle Assoziationen zu dem Planeten-Symbol aktiviert, die Konzentration auf diese Qualitäten erhöht und evtl. die Planeten-Gottheit gerufen, d.h. invoziert oder evoziert.
Herkunft: Golden Dawn

b) Jupiter-Hexagramm

Jupiter-Hexagramm

Beschreibung: das Hexagramm und das Planeten-Symbol in ihm mit einer Geste in die Luft zeichnen und imaginieren; erstes Dreieck von oben rechts aus im Uhrzeigersinn, 2. Dreieck von unten links aus im Uhrzeigersinn
Symbolik/Zweck/Wirkungsweise: wie beim Planeten-Symbol, nur stärker
Herkunft: Golden Dawn

c) Eurythmie-Jupiter

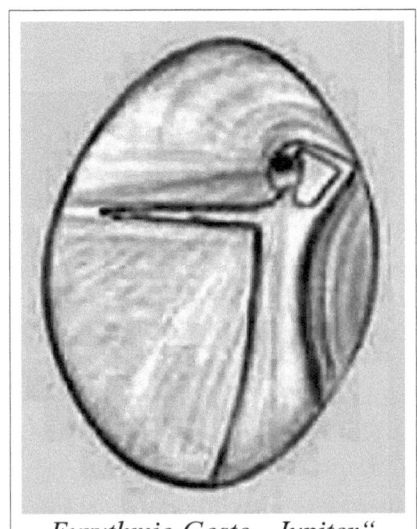

Eurythmie-Geste „Jupiter"

Beschreibung: aufrecht; linker Oberarm seitlich nach oben außen, linker Unterarm weist von dort weiter nach oben über den Kopf, die Hand ist über dem Kopf; der rechte Arm und die rechte Hand weisen waagerecht nach vorn

Symbolik/Zweck: Illustration und evtl. auch Anrufung der Planetenqualität

Wirkungsweise: die linke Hand sucht den Kontakt zum Scheitelchakra, also nach spirituellen Zielen und Erlebnissen; die rechte Hand weist waagerecht nach vorn, also zu anderen Menschen oder zu fernen Zielen; beide Gesten kombiniert ergeben das Anstreben spiritueller Ziele – evtl. zusammen mit anderen Menschen

Herkunft: Eurythmie (Rudolf Steiner, ca. 1910)

8. Saturn

a) Saturn-Symbol

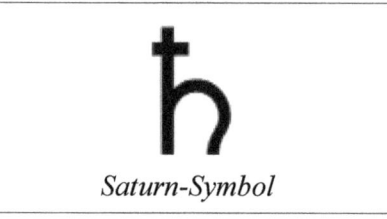

Saturn-Symbol

Beschreibung: das Planeten-Symbol mit einer Geste in die Luft zeichnen und imaginieren
Symbolik: Hüter, Bewahrer, Wächter, Stabilität, Dauer, Beständigkeit, Festigkeit, Haltbarkeit, Tradition, Bewährtes
Zweck: sich selber (Invokation) oder einen Gegenstand (Talisman o.ä.) oder einen Raum (Tempel) mit der Qualität des Planeten erfüllen
Wirkungsweise: Durch das „in die Luft zeichnen" und die Imagination werden alle Assoziationen zu dem Planeten-Symbol aktiviert, die Konzentration auf diese Qualitäten erhöht und evtl. die Planeten-Gottheit gerufen, d.h. invoziert oder evoziert.
Herkunft: Golden Dawn

b) Saturn-Hexagramm

Saturn-Hexagramm

Beschreibung: das Hexagramm und das Planeten-Symbol in ihm mit einer Geste in die Luft zeichnen und imaginieren; erstes Dreieck von oben aus im Uhrzeigersinn, 2. Dreieck von unten aus im Uhrzeigersinn
Symbolik/Zweck/Wirkungsweise: wie beim Planeten-Symbol, nur stärker
Herkunft: Golden Dawn

c) Eurythmie-Saturn

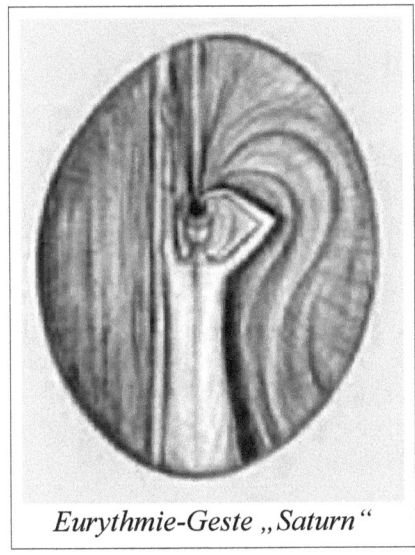

Eurythmie-Geste „Saturn"

Beschreibung: linker Unterarm nach oben rechts außen, linker Unterarm nach oben links innen, die Hand nach schräg unten hin abgewinkelt, die Finger noch einmal abgewinkelt – sie weisen senkrecht nach unten auf das Scheitelchakra; der rechte Arm und die rechte Hand weisen gerade nach oben

Symbolik/Zweck: Illustration und evtl. auch Anrufung der Planetenqualität

Wirkungsweise: Der rechte Arm (Stärke) schafft eine Verbindung nach oben, über die zum Himmel gesendet oder von ihm empfangen wird. Die linke Hand (Weisheit) konzentriert sich auf das Scheitelchakra. Beide Gesten kombiniert ergeben ein entschlossenes spirituelles Streben, das hier als Rahmen (Saturn) aller Tätigkeiten aufgefaßt wird.

Herkunft: Eurythmie (Rudolf Steiner, ca. 1910)

105

9. Uranus

a) Uranus-Symbol

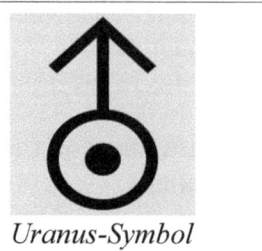

Uranus-Symbol

Beschreibung: das Planeten-Symbol mit einer Geste in die Luft zeichnen und imaginieren

Symbolik: älterer Mensch, Erfinder, Ideen, Neues, Utopien

Zweck: sich selber (Invokation) oder einen Gegenstand (Talisman o.ä.) oder einen Raum (Tempel) mit der Qualität des Planeten erfüllen

Wirkungsweise: Durch das „in die Luft zeichnen" und die Imagination werden alle Assoziationen zu dem Planeten-Symbol aktiviert, die Konzentration auf diese Qualitäten erhöht und evtl. die Planeten-Gottheit gerufen, d.h. invoziert oder evoziert.

Herkunft: Golden Dawn

b) Fahne

Tripataka
(Fahne mit drei Streifen)

Beschreibung: Handfläche nach vorne, Ringfinger nach vorne hin senkrecht abknicken

Symbolik/Zweck: mit dem Ringfinger mit Farbe ein Symbol auf die Stirn auftragen; stellt Blitz und Donner oder einen Pfeil dar, also eine plötzliche, heftige Wirkung; das ist ein „Uranus-Vorgang" und das Mudra somit eine „Uranus-Geste"

Wirkungsweise: der Erd-Finger, also der Ringfinger, ändert plötzlich seine Richtung, schafft also etwas Neues, das in die Welt ausstrahlt und sie verändert

Herkunft: indischer Tempeltanz

10. Neptun

a) Neptun-Symbol

Neptun-Symbol

Beschreibung: das Planeten-Symbol mit einer Geste in die Luft zeichnen und imaginieren

Symbolik: alter Mensch, Künstler, Mystiker, Sozialengagement, Drogen, Religion, Priester, Mönch, Nonne

Zweck: sich selber (Invokation) oder einen Gegenstand (Talisman o.ä.) oder einen Raum (Tempel) mit der Qualität des Planeten erfüllen

Wirkungsweise: Durch das „in die Luft zeichnen" und die Imagination werden alle Assoziationen zu dem Planeten-Symbol aktiviert, die Konzentration auf diese Qualitäten erhöht und evtl. die Planeten-Gottheit gerufen, d.h. invoziert oder evoziert.

Herkunft: Golden Dawn

11. Pluto

a) Pluto-Symbol

Pluto-Symbol

Beschreibung: das Planeten-Symbol mit einer Geste in die Luft zeichnen und imaginieren

Symbolik: Greis, Magier, Zauberer, Verwandlung, Existentielles, Erleuchtung, Dinge auf den Punkt bringen, absolute Intensität

Zweck: sich selber (Invokation) oder einen Gegenstand (Talisman o.ä.) oder einen Raum (Tempel) mit der Qualität des Planeten erfüllen

Wirkungsweise: Durch das „in die Luft zeichnen" und die Imagination werden alle Assoziationen zu dem Planeten-Symbol aktiviert, die Konzentration auf diese Qualitäten erhöht und evtl. die Planeten-Gottheit gerufen, d.h. invoziert oder evoziert.

Herkunft: Golden Dawn

D Die Tierkreiszeichen

1. Widder

a) Symbol

Widder-Symbol

Beschreibung: das Tierkreiszeichen-Symbol mit einer Geste in die Luft zeichnen und imaginieren

Symbolik/Zweck: Spontanität, Direktheit, Stärke, Kraft, Ungestüm, im Augenblick sein, „volle Kraft voraus"

Wirkungsweise: Konzentration auf das Symbol und dadurch Wachrufen der Qualitäten in sich selber und Anrufung dieser Qualitäten

Herkunft: Mesopotamien/Europa

b) Eurythmie-Widder

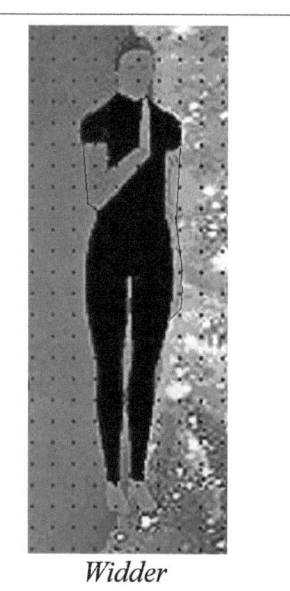

Widder

Beschreibung: aufrecht, linker Arm nach unten, rechter Oberarm nach unten, rechter Unterarm nach links vorne oben, Hand aufrecht, Handkante nach vorne

Symbolik/Zweck: Illustration und Anrufung der Qualität des Widders

Wirkungsweise: die Weisheit des linken Armes ist passiv (der Arm hängt herab); der rechte Arm macht eine Geste der Entschiedenheit; die beiden Gesten kombiniert ergeben eine spontane, wenig durchdachte Handlung (das paßt zum Widder)

Herkunft: Eurythmie

2. Stier

a) Symbol

Stier-Symbol

Beschreibung: das Tierkreiszeichen-Symbol mit einer Geste in die Luft zeichnen und imaginieren

Symbolik/Zweck: Abgrenzen, Sammeln, Horten, ansprechendes Arrangieren, Zubereiten, Genießen

Wirkungsweise: Konzentration auf das Symbol und dadurch Wachrufen der Qualitäten in sich selber und Anrufung dieser Qualitäten

Herkunft: Mesopotamien/Europa

b) Eurythmie-Stier

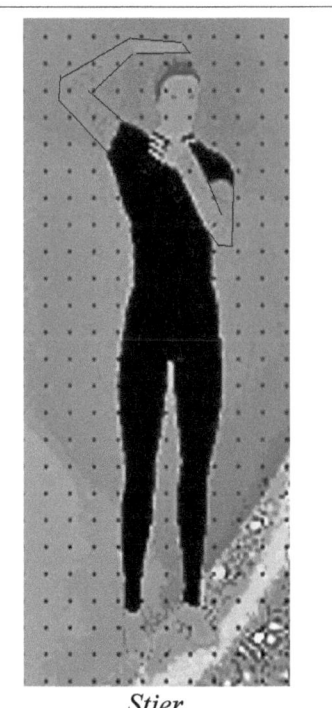

Stier

Beschreibung: linke Hand zum Hals; rechte Hand über dem Kopf Ellenbogen links

Symbolik/Zweck: Illustration und Anrufung der Qualität des Stiers

Wirkungsweise: die linke Hand (Weisheit) beschützt das Thymus-Nebenchakra; die rechte Hand (Stärke) nimmt Kontakt zum Scheitelchakra auf; die beiden Gesten ergeben in Kombination ein vorsichtiges Öffnen (Thymus-Nebenchakra) zu spirituellen Erfahrungen hin (das paßt nur mäßig zum Stier – immer hin entspricht der Hals dem Stier)

Herkunft: Eurythmie

3. Zwillinge

a) Symbol

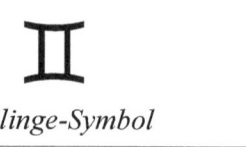

Zwillinge-Symbol

Beschreibung: das Tierkreiszeichen-Symbol mit einer Geste in die Luft zeichnen und imaginieren

Symbolik/Zweck: Neugier, Beweglichkeit, Unternehmungslust, Späße, schnelle Auffassungsgabe, Witz

Wirkungsweise: Konzentration auf das Symbol und dadurch Wachrufen der Qualitäten in sich selber und Anrufung dieser Qualitäten

Herkunft: Mesopotamien/Europa

b) Eurythmie-Zwillinge

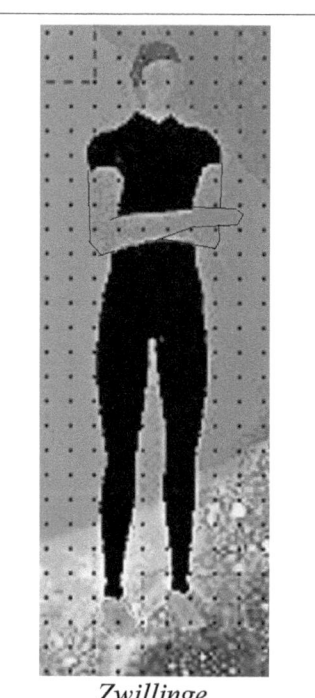

Zwillinge

Beschreibung: Arme vor der Brust, Unterarme liegen voreinander

Symbolik/Zweck: Illustration und Anrufung der Qualität des Zwillings

Wirkungsweise: die Arme sind vor der Brust verschränkt und schützen das Wunschbaum-Nebenchakra, das die Individualität im Herzchakra in den körperlichen Selbstausdruck des Sonnengeflechts übersetzt (diese Geste des Schützens paßt nicht so recht zu der Neugier des Zwillings)

Herkunft: Eurythmie

4. Krebs

a) Symbol

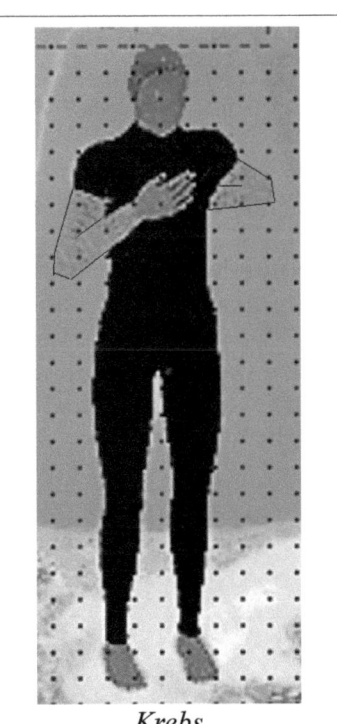

Krebs-Symbol

Beschreibung: das Tierkreiszeichen-Symbol mit einer Geste in die Luft zeichnen und imaginieren

Symbolik/Zweck: das Innere, reiches Innenleben, innere Bilder, Introvertiertheit, Behüten, Nestwärme, Lebenskraft

Wirkungsweise: Konzentration auf das Symbol und dadurch Wachrufen der Qualitäten in sich selber und Anrufung dieser Qualitäten

Herkunft: Mesopotamien/Europa

b) Eurythmie-Krebs

Krebs

Beschreibung: rechte Hand vor der oberen Mitte der Brust; linke Hand auf etwa gleicher Höhe hinter dem Rücken

Symbolik/Zweck: Illustration und Anrufung der Qualität des Krebses

Wirkungsweise: die Hände schützen das Herzchakra von vorne und hinten (paßt gut zu dem Verbergen und Schützen des Innenlebens durch den Schützen)

Herkunft: Eurythmie

5. Löwe

a) Symbol

$\mathcal{Ω}$
Löwe-Symbol

Beschreibung: das Tierkreiszeichen-Symbol mit einer Geste in die Luft zeichnen und imaginieren

Symbolik/Zweck: Zentrierung, Gestaltung, Selbstdarstellung, Wertschätzung von Individualität, Ruhm, Dominanz

Wirkungsweise: Konzentration auf das Symbol und dadurch Wachrufen der Qualitäten in sich selber und Anrufung dieser Qualitäten

Herkunft: Mesopotamien/Europa

b) Eurythmie-Löwe

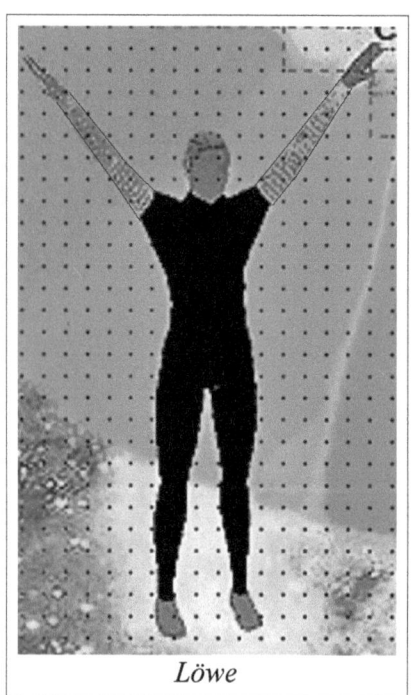

Löwe

Beschreibung: Arme ausgestreckt schräg nach oben außen; Handfläche weisen nach außen

Symbolik/Zweck: Illustration und Anrufung der Qualität des Löwen

Wirkungsweise: die nach oben ausgestreckten Arme drücken gut das Strahlen des Löwen aus

Herkunft: Eurythmie

Anmerkungen: Bei der Man-Rune weisen die Handflächen nach innen („Kelch" = Lebenskraft aufnehmen), bei der Löwe-Geste weisen die Handflächen nach außen (man strahlt selber) und bei der Segnungs-Geste weisen die Handflächen nach vorne (die Menschen vor dem Betreffenden werden gesegnet).

112

6. Jungfrau

a) Symbol

Jungfrau-Symbol

Beschreibung: das Tierkreiszeichen-Symbol mit einer Geste in die Luft zeichnen und imaginieren

Symbolik/Zweck: Details, Sorgfalt, Ordnung, Geschick, Konstruktion, Pläne, Betriebsanleitungen, Heilung, Reparatur

Wirkungsweise: Konzentration auf das Symbol und dadurch Wachrufen der Qualitäten in sich selber und Anrufung dieser Qualitäten

Herkunft: Mesopotamien/Europa

b) Eurythmie-Jungfrau

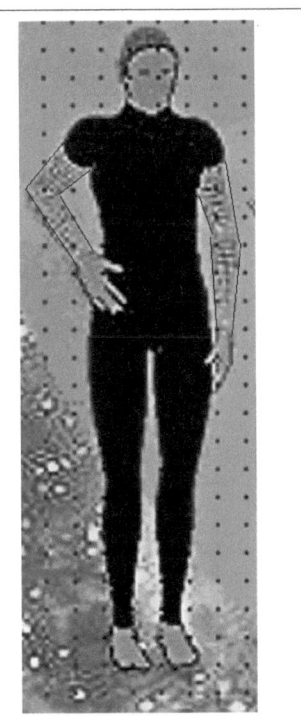

Jungfrau

Beschreibung: linker Arm hängt herab; rechte Hand auf der rechten Hüfte

Symbolik/Zweck: Illustration und Anrufung der Qualität der Jungfrau

Wirkungsweise: Die Lage der rechten Hand stärkt das Hara; diese Haltung könnte evtl. auch eine nachdenkliche Betrachtung ausdrücken – dann würde sie zur Jungfrau passen. Diese Geste entspricht der Thorn-Rune.

Herkunft: Eurythmie

7. Waage

a) Symbol

Waage-Symbol

Beschreibung: das Tierkreiszeichen-Symbol mit einer Geste in die Luft zeichnen und imaginieren

Symbolik/Zweck: Ausgleich, Harmonie, Schönheit, Beziehungen, Freundschaften, Diplomatie, Kunst

Wirkungsweise: Konzentration auf das Symbol und dadurch Wachrufen der Qualitäten in sich selber und Anrufung dieser Qualitäten

Herkunft: Mesopotamien/Europa

b) Eurythmie-Waage

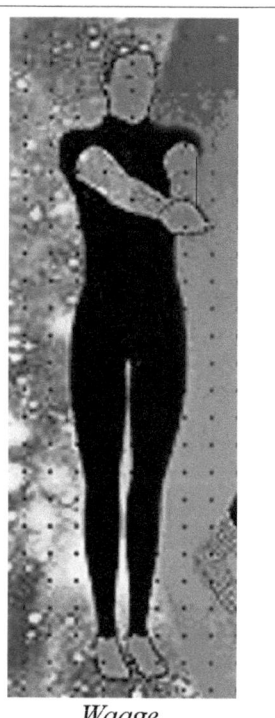
Waage

Beschreibung: beide Arme nach vorne und leicht schräg nach unten; die rechte Hand auf der linken Hand

Symbolik/Zweck: Illustration und Anrufung der Qualität der Waage

Wirkungsweise: die Symmetrie der Arme paßt gut zur Waage; ein „die Hände zur Begrüßung ausstrecken" würde das Wesen der Waage jedoch besser treffen als diese Geste mit den Handflächen nach unten, die eher dominant als kontaktfreudig wirkt

Herkunft: Eurythmie

8. Skorpion

a) Symbol

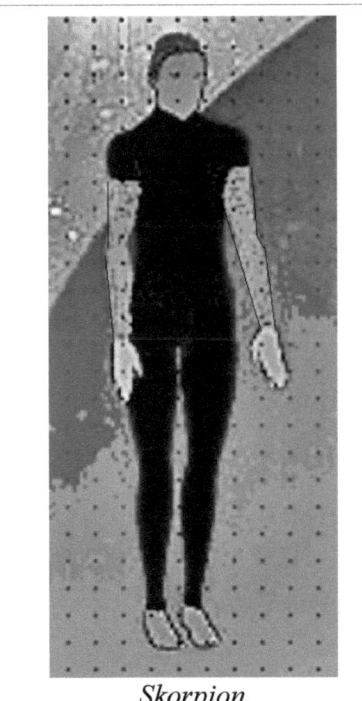

Ң

Skorpion-Symbol

Beschreibung: das Tierkreiszeichen-Symbol mit einer Geste in die Luft zeichnen und imaginieren

Symbolik/Zweck: Intensität, Existentielles, Widersprüche, Provokation, Überwindung, Verwandlung, Einsgerichtetheit, Ekstase

Wirkungsweise: Konzentration auf das Symbol und dadurch Wachrufen der Qualitäten in sich selber und Anrufung dieser Qualitäten

Herkunft: Mesopotamien/Europa

b) Eurythmie-Skorpion

Skorpion

Beschreibung: beide Arme nach unten, aber leicht nach vorne und außen; Hände ausgestreckt

Symbolik/Zweck: Illustration und Anrufung der Qualität des Skorpions

Wirkungsweise: diese Geste drückt die Entschiedenheit des Skorpions aus, der meistens sehr klare Vorstellungen und vor allem intensive Gefühle hat – und diese auch durchzusetzen versucht (die Arme sollten daher bei dieser Geste in Spannung sein)

Herkunft: Eurythmie

9. Schütze

a) Symbol

Schütze-Symbol

Beschreibung: das Tierkreiszeichen-Symbol mit einer Geste in die Luft zeichnen und imaginieren

Symbolik/Zweck: Ideale, Ziele, Projekte, Aktionen, Einsatz, Eingreifen, Weltverbesserung, Aufbau

Wirkungsweise: Konzentration auf das Symbol und dadurch Wachrufen der Qualitäten in sich selber und Anrufung dieser Qualitäten

Herkunft: Mesopotamien/Europa

b) Eurythmie-Schütze

Schütze

Beschreibung: rechtes Bein vor, linker Fuß zur Seite; Oberarme vor, Unterarme im rechten Winkel nach innen, der linke Arm liegt vor dem rechten Arm; rechte Hand ist eine Faust

Symbolik/Zweck: Illustration und Anrufung der Qualität des Schützen

Wirkungsweise: der Schritt nach vorn illustriert gut das Streben des Schützen nach einem Ideal; die Arme könnten (bei passender Haltung) die Entschlossenheit des Schützen ausdrücken

Herkunft: Eurythmie

10. Steinbock

a) Symbol

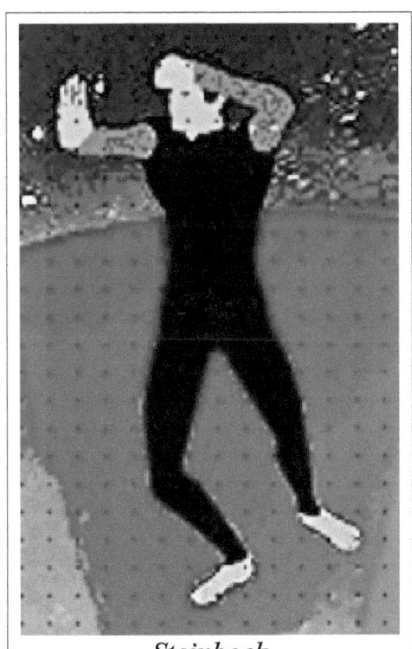

Steinbock-Symbol

Beschreibung: das Tierkreiszeichen-Symbol mit einer Geste in die Luft zeichnen und imaginieren

Symbolik/Zweck: Fundamente, Autoritäten, Stabilität, Dauerhaftigkeit, Beständigkeit, Sicherheit

Wirkungsweise: Konzentration auf das Symbol und dadurch Wachrufen der Qualitäten in sich selber und Anrufung dieser Qualitäten

Herkunft: Mesopotamien/Europa

b) Eurythmie-Steinbock

Beschreibung: rechtes Bein leicht geknickt einen Schritt weit nach vorn, linker Fuß nach außen; rechter Arm gerade nach vorn, rechte Handfläche nach vorn, linker Oberarm nach vorn, aber auch leicht nach oben und zur Seite, Unterarm wieder leicht nach innen, Ellenbogen fast im rechten Winkel

Symbolik/Zweck: Illustration und Anrufung der Qualität des Steinbocks

Wirkungsweise: der Schritt könnte das Streben des Steinbocks zum Gipfel hinauf ausdrücken; die linke Faust vor der Stirn illustriert seine Entschlossenheit, die vorgestreckte „Stop!"-Hand illustriert sein energisches Grenzen-Setzen

Herkunft: Eurythmie

Steinbock

117

11. Wassermann

a) Symbol

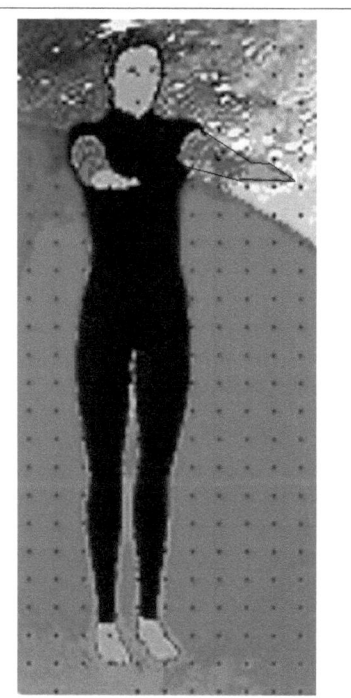

Beschreibung: das Tierkreiszeichen-Symbol mit einer Geste in die Luft zeichnen und imaginieren

Symbolik/Zweck: rasche Auffassungsgabe, Weltformel, Utopie, Wahlverwandte, Verein, Professor

Wirkungsweise: Konzentration auf das Symbol und dadurch Wachrufen der Qualitäten in sich selber und Anrufung dieser Qualitäten

Herkunft: Mesopotamien/Europa

Wassermann-Symbol

b) Eurythmie-Wassermann

Beschreibung: beide Arme gerade nach vorn, Handflächen unten

Symbolik/Zweck: Illustration und Anrufung der Qualität des Wassermanns

Wirkungsweise: in den Raum hinein reichen (Arme), aber dabei alles im Griff haben (Handflächen nach unten); paßt weitgehend zum Wassermann

Herkunft: Eurythmie

Wassermann

12. Fische

a) Symbol

Fische-Symbol

Beschreibung: das Tierkreiszeichen-Symbol mit einer Geste in die Luft zeichnen und imaginieren

Symbolik/Zweck: Gespür, Ahnungen, Tagträume, Anteilnahme, Mitgefühl, Hilfsbreitschaft, Mystik

Wirkungsweise: Konzentration auf das Symbol und dadurch Wachrufen der Qualitäten in sich selber und Anrufung dieser Qualitäten

Herkunft: Mesopotamien/Europa

b) Eurythmie-Fische

Fische

Beschreibung: linker Arm nach unten, rechter Arm nach oben

Symbolik/Zweck: Illustration und Anrufung der Qualität der Fische

Wirkungsweise: mit dem Himmel verbunden sein (rechter Arm), auf der Erde eher passiv sein (linker Arm); das illustriert gut die Vorgehensweise der Fische, die anscheinend durch das Leben treiben, aber in Wirklichkeit die Strömungen der Ereignisse stets für sich ausnutzen

Herkunft: Eurythmie

119

E Aspekte, Winkel, Intervalle

Die astrologischen Aspekte und die Winkel in der Physik lassen sich in Grad-Angaben beschreiben. Da die Intervalle in der Musik vor allem Brüche einer Oktave sind, lassen auch sie sich in Grad-Angaben übersetzen. Die Aspekte, Winkel und Intervalle mit gleicher Grad-Größe haben auch dieselben Eigenschaften.

Eine ausführliche Darstellung dieser Zusammenhänge findet sich in meinem Buch „Physik und Magie". Dort werden auch noch die Kristallisationsformen von Mineralien und ähnliches miteinbezogen.

Die Übersicht auf der nächsten Seite reicht jedoch aus, um das Grundprinzip zu veranschaulichen.

In der linken Spalte der folgenden Tabelle steht der Winkel sowie der Winkel als Bruch geschrieben: Wenn man z.B. einen Viertelkreis weitergeht, sind dies 90° (1/4 von 360°), und wenn man einen Drittelkreis weitergeht, sind dies 120° (1/3 von 360°).

Dadurch wiederholen sich die Winkel, wenn sie über 180° hinausgehen: 90° und 270° sind beide 90° vom Ausgangspunkt entfernt; 120° und 240° sind beide 120° vom Ausgangspunkt entfernt.

Die folgende Liste dient vor allem dazu, die astrologischen Aspekte, die physikalischen Winkel und die musikalischen Intervalle mithilfe der Grad-Angaben und der Bruchteile des Kreises einander auf sichere Weise gleichzusetzen.

Diese Gleichsetzungen finden sich dann anschließend in den einzelnen Abschnitten über die verschiedenen Aspekte, Winkel und Intervalle noch einmal aufgeführt.

Aspekte, Winkel, Intervalle			
Grad	*Aspekte (Astrologie)*	*Winkel (Physik)*	*Intervalle (Musik)*
0° = 1	Konjunktion: Vereinigung, „Ehe"	Gravitation, Einpolarität	Prime (1)
22,5° = 1 + 1/16	-	-	kleine Sekunde
30° = 1 + 1/12	Halbsextil: Weiterentwicklung	Anlagerungen	-
45° = 1 + 1/8	(Halbquadrat)	-	große Sekunde
60° = 1 + 1/6	Sextil: Gruppenbildung von gleichen Elementen, „Bekannte"	Gruppenbildung von gleichen Elementen: Kugeln, Monde, Schneeflocken usw.	kleine Terz
90° = 1 + 1/4	Quadrat: Trennung, „Freiheit"	Winkel zwischen elektrischer und magnetischer Welle u.a.	große Terz
120° = 1 + 1/3	Trigon: Verbindung, „Freundschaft"	Farbkraft, Dreipolarität	Quarte
150° = 1 + 5/12	Quincunx: Pflege, Instandhaltung	Verwandlungen	verminderte Quinte
180° = 1 +1/2	Opposition: Gegensatz-Ergänzung	elektromagnetische Kraft, Zweipolarität	Quinte
240° = 1 + 2/3	(Trigon)	(Farbkraft, Dreipolarität)	Sexte
315° = 1 + 7/8	(Halbquadrat)	-	Septime
360° = 1 + 1	(Konjunktion)	(Gravitation)	Oktave

1. 0° = Konjunktion, Prime

a) Symbol

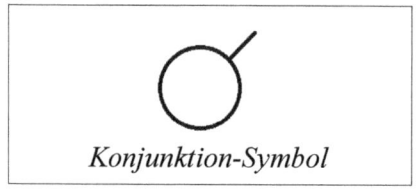

Konjunktion-Symbol

Beschreibung: traditionelles Symbol; zwei Planeten am selben Ort (0° bzw. 360°)

Symbolik/Zweck: Konjunktion: Vereinigung, „Ehe", Gravitation, Einpolarität (die Gravitation hat nur einen Pol und zieht alles zusammen), Prime-Intervall; wirkt bestätigend, befestigend, gibt Nachdruck

Wirkungsweise: kann als Symbol in der Luft gezeichnet und imaginiert werden und ruft durch Assoziation zu dem Symbol die entsprechenden Qualitäten hervor

Herkunft: mittelalterliche Astrologie

b) Eurythmie-Prime

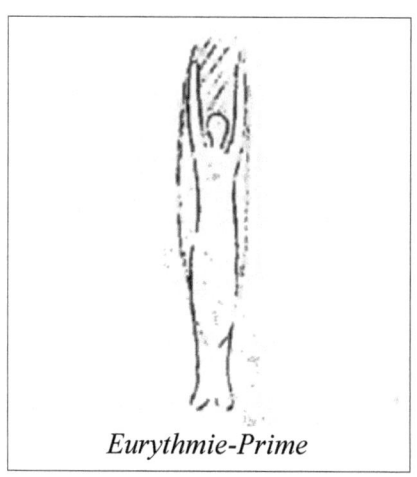

Eurythmie-Prime

Beschreibung: aufrecht stchen, die Arme nach oben (entspricht der Is-Rune)

Symbolik/Zweck/Wirkungsweise: Inspiration aufnehmen

Herkunft: Eurythmie (Rudolf Steiner, ca. 1915)

2. 22,5° = kleine Sekunde

a) Symbol

Für diesen Winkel gibt es keinen astrologischen Aspekt und daher auch kein astrologisches Symbol. Theoretisch wäre dieser Winkel ein „Viertel-Quadrat" (22,5°), aber bereits das Halbquadrat (45°) und das Eineinhalb-Quadrat (135°) werden nur selten verwendet und das „Viertel-Quadrat" ist in der Astrologie meines Wissens vollständig unbekannt.

3. 30° = Halbsextil

a) Symbol

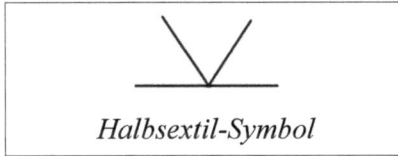

Halbsextil-Symbol

Beschreibung: traditionelles Symbol; 1/12 Kreis (30°)
Symbolik/Zweck: Abschied, Aufbruch, Weiterentwicklung, Neuformung, Neuformatierung, Loslösungen, Anlagerungen; regt die Entwicklung an und macht die nächsten Schritte deutlich
Wirkungsweise: kann als Symbol in der Luft gezeichnet und imaginiert werden und ruft durch Assoziation zu dem Symbol die entsprechenden Qualitäten hervor
Herkunft: neuzeitliche Astrologie

b) Musik-Intervall

Als Intervall ist dieser Abstand in der abendländischen Musik nicht üblich. Er liegt zwischen der kleinen und der großen Sekunde – ist also ein Viertelton-Schritt über der kleinen Sekunde und einen Vierteltonschritt unter der Großen Sekunde.

Dieses Intervall kommt jedoch in der orientalischen Musik vor, die neben den sieben Ganztönen („weiße Tasten") und den fünf Halbtönen („schwarze Tasten") auch noch ca. 6 Vierteltöne in der Oktave hat.

4. 45° = Halbquadrat, große Sekunde

a) Symbol

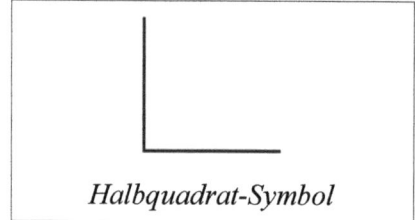

Halbquadrat-Symbol

Beschreibung: traditionelles Symbol; 1/8 Kreis (45°)

Symbolik/Zweck: schafft eine schwache Spannung, macht untergründige Unzufriedenheit bewußt; regt dazu an, die Lebensumstände weiterzuentwickeln

Wirkungsweise: kann als Symbol in der Luft gezeichnet und imaginiert werden und ruft durch Assoziation zu dem Symbol die entsprechenden Qualitäten hervor

Herkunft: neuzeitliche Astrologie

b) Eurythmie-Sekunde

Eurythmie-Sekunde

Beschreibung: aufrecht stehen, Arme nach oben und leicht nach außen (weniger weit nach außen als bei der Man-Rune)

Symbolik/Zweck/Wirkungsweise: das Aufgenommene in sich ausweiten; Bereitschaft zur Veränderung

Herkunft: Eurythmie (Rudolf Steiner, ca. 1915)

5. 60° = Sextil, kleine Terz

a) Symbol

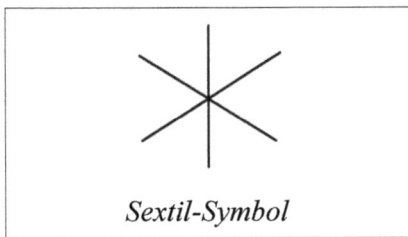

Sextil-Symbol

Beschreibung: traditionelles Symbol; 1/6 Kreis (60°)

Symbolik/Zweck: Gruppenbildung von gleichen Elementen (Kugeln, Monde auf einer Umlaufbahn, Atomkerne, Schneeflocken), Treffen von zwei „Bekannten", organische Gebilde; macht kontaktfreudig, gesellig, kooperativ

Wirkungsweise: kann als Symbol in der Luft gezeichnet und imaginiert werden und ruft durch Assoziation zu dem Symbol die entsprechenden Qualitäten hervor

Herkunft: mittelalterliche Astrologie

b) Eurythmie-Terz

Eurythmie-Terz

Beschreibung: aufrecht stehen, die Arme seitlich nach oben (stärker nach außen als bei der Man-Rune)

Symbolik/Zweck/Wirkungsweise: weitere Ausbreitung des Aufgenommenen in sich selber; Kontakte, Voranschreiten

Herkunft: Eurythmie (Rudolf Steiner, ca. 1915)

6.   90° = Quadrat, große Terz

a)   Symbol

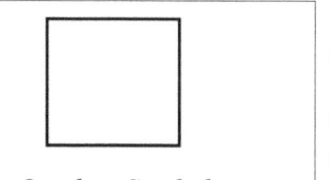

Quadrat-Symbol

Beschreibung: traditionelles Symbol; 1/4 Kreis (90°)

Symbolik/Zweck: Trennung zweier Dinge, Unabhängigkeit, Freiheit; der rechte Winkel zwischen elektrischer und magnetischer Welle

Wirkungsweise: kann als Symbol in der Luft gezeichnet und imaginiert werden und ruft durch Assoziation zu dem Symbol die entsprechenden Qualitäten hervor

Herkunft: mittelalterliche Astrologie

b)   Quadrat

Chatura (Quadrat)

Beschreibung: Handfläche nach vorne, Kleinen Finger leicht abspreizen, Daumen angewinkelt in die Handfläche

Symbolik/Zweck: Quadrat, Sperrigkeit, Sperrung, Aufhalten, Form, astrologisches Quadrat

Wirkungsweise: der Daumen veranschaulicht durch das Abknicken im rechten Winkel das Quadrat; der Daumen sperrt die Luft des Zeigefingers und das Licht des Mittelfingers; das Wasser des Mitgefühls (Kleiner Finger) wird sozusagen „zur Seite gestellt", um die Blockade aufrecht erhalten zu können; das Licht der Überzeugung des Mittelfingers ist koordiniert mit der Luft der Beweglichkeit des Zeigefingers und der Erde der Beständigkeit des Ringfingers; dies ergibt eine bewegliche, aber zugleich feste Ausrichtung

Herkunft: indischer Tempeltanz

126

c) Kreuz

Svastika (Kreuz)

Beschreibung: Arme an den Handgelenken kreuzen, linke Hand vorn; Hände leicht nach oben gebogen

Symbolik/Zweck: Kreuz, etwas verwehren oder versperren, Ablehnung; auch das Kreuz ist eine Konstruktion aus rechten Winkeln

Wirkungsweise: pantomimische Darstellung und Assoziation; Geste der Blockade durch die beiden Hände, die sich vor der Brust an den Handgelenken kreuzen; die gleichgerichteten und nebeneinanderliegenden Finger drücken Entschiedenheit aus

Herkunft: indischer Tempeltanz

d) Haken

Arala (Haken)

Beschreibung: Handfläche nach vorne, das mittlere Glied des Zeigefingers liegt auf der Daumenspitze; auch der Haken hat einen rechten Winkel

Symbolik/Zweck: Symbol für Trinken und für Verwüstung; also: Warnung oder Fluch

Wirkungsweise: pantomimische Darstellung des Hakens mit Daumen und Zeigefinger; da ein Haken etwas Freies fangen und festhalten soll, paßt auch die Verbindung der Feuer-Kraft des Daumens mit der Luft-Beweglichkeit des Zeigefingers zu dem Haken

Herkunft: indischer Tempeltanz

e) Eurythmie-Geste

Eurythmie-Quart

Beschreibung: aufrecht stehen, Arme zur Seite ausgestreckt, Handflächen nach oben

Symbolik/Zweck/Wirkungsweise: Spannung, Formung, Geistiges auf die Erde bringen

Herkunft: Eurythmie (Rudolf Steiner, ca. 1915)

Anmerkung: Die links stehende Haltung wird von Steiner der Quart zugeordnet, aber sie gehört aufgrund ihrer Form eindeutig zu der großen Terz, die dem Quadrat und dem rechten Winkel entspricht.

Die große und die kleine Terz werden bei Steiner nicht unterschieden.

f) weitere Gesten

Zu dem Quadrat gehören auch all die bereits dargestellten Gesten, die ein Hacken, Schneiden, Stoßen, Kämpfen, Abgrenzen, Öffnen, Schließen usw. darstellen.

7. 120° = Trigon, Quarte

a) Symbol

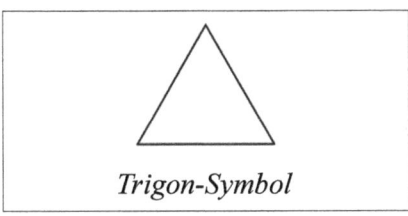

Trigon-Symbol

Beschreibung: traditionelles Symbol; 1/3 Kreis (120°)

Symbolik/Zweck: Freundschaft, zuverlässige Verbindung, Bildung einer strukturierten Einheit, Zusammenhalt; in der Physik die dreipolare Farbkraft in den Protonen und Neutronen, die die drei Quarks, aus denen sie bestehen, zusammenhält

Wirkungsweise: kann als Symbol in der Luft gezeichnet und imaginiert werden und ruft durch Assoziation zu dem Symbol die entsprechenden Qualitäten hervor

Herkunft: mittelalterliche Astrologie

b) Eurythmie-Quarte

Zu der Quarte siehe die Eurythmie-Haltung, die von Steiner der Großen Terz zugeordnet wird.

8. 150° = Quincunx, verminderte Quinte

a) Symbol

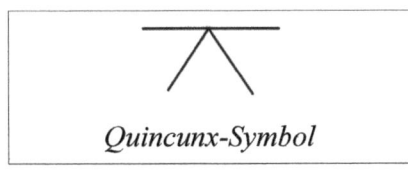

Quincunx-Symbol

Beschreibung: traditionelles Symbol; 5/12 Kreis (150°)

Symbolik/Zweck: Pflege, Instandhaltung, Heilung, Umformungen, Verwandlungen

Wirkungsweise: kann als Symbol in der Luft gezeichnet und imaginiert werden und ruft durch Assoziation zu dem Symbol die entsprechenden Qualitäten hervor

Herkunft: neuzeitliche Astrologie

9. 180° = Opposition, Quinte

a) Symbol

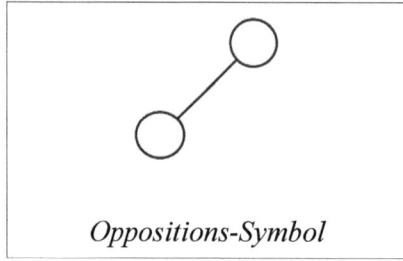

Oppositions-Symbol

Beschreibung: traditionelles Symbol; 1/2 Kreis (180°)

Symbolik/Zweck: Gegensatz-Ergänzung, Yin und Yang, Mann und Frau; in der Physik die zweipolare elektromagnetische Kraft (+ und -; Nordpol und Südpol); dadurch entsteht Bewegung, Schwingung, Rhythmus

Wirkungsweise: kann als Symbol in der Luft gezeichnet und imaginiert werden und ruft durch Assoziation zu dem Symbol die entsprechenden Qualitäten hervor

Herkunft: mittelalterliche Astrologie

b) Eurythmie-Quinte

Eurythmie-Quinte

Beschreibung: aufrecht stehen, Beine gespreizt, Arme seitlich ausgestreckt

Symbolik/Zweck/Wirkungsweise: Inkarnation, das innen empfangene nach außen hin ausbreiten

Herkunft: Eurythmie (Rudolf Steiner, ca. 1915)

10. 240° = Trigon, Sexte

a) Symbol

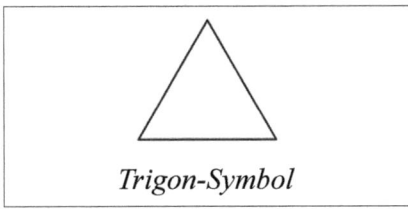

Trigon-Symbol

Beschreibung: traditionelles Symbol; 2/3 Kreis (240°)

Symbolik/Zweck: Freundschaft, zuverlässige Verbindung, Bildung einer strukturierten Einheit, Zusammenhalt; in der Physik die dreipolare Farbkraft in den Protonen und Neutronen, die die drei Quarks, aus denen sie bestehen, zusammenhält

Wirkungsweise: kann als Symbol in der Luft gezeichnet und imaginiert werden und ruft durch Assoziation zu dem Symbol die entsprechenden Qualitäten hervor

Herkunft: mittelalterliche Astrologie

b) Eurythmie-Sexte

Eurythmie-Sexte

Beschreibung: aufrecht, Beine stark gespreizt, Arme im selben Winkel wie die Beine seitlich nach oben

Symbolik/Zweck/Wirkungsweise: Umsetzung, Realisierung

Herkunft: Eurythmie (Rudolf Steiner, ca. 1915)

11. 315° = Halbquadrat, Septime

a) Symbol

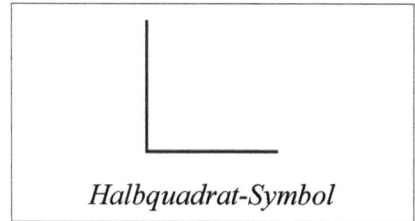

Halbquadrat-Symbol

Beschreibung: traditionelles Symbol; 7/8 Kreis (315°)

Symbolik/Zweck: hat dieselbe Qualität wie das Halbquadrat; schafft eine schwache Spannung, macht untergründige Unzufriedenheit bewußt; regt dazu an, die Lebensumstände weiterzuentwickeln

Wirkungsweise: kann als Symbol in der Luft gezeichnet und imaginiert werden und ruft durch Assoziation zu dem Symbol die entsprechenden Qualitäten hervor

Herkunft: neuzeitliche Astrologie

b) Eurythmie-Septime

Eurythmie-Septime

Beschreibung: aufrecht, Beine und Arme im selben Winkel leicht gespreizt

Symbolik/Zweck/Wirkungsweise: große innere Anspannung bei der Umsetzung des eigenen Werkes

Herkunft: Eurythmie (Rudolf Steiner, ca. 1915)

12. 360° = Konjunktion, Oktave

a) Symbol

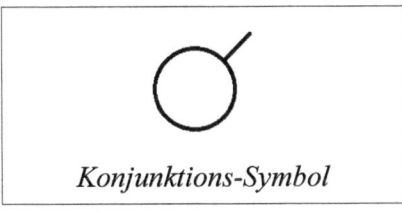

Konjunktions-Symbol

Beschreibung: traditionelles Symbol, 1 ganzer Kreis (360°)

Symbolik/Zweck: Konjunktion: Vereinigung, „Ehe", Gravitation, Einpolarität (die Gravitation hat nur einen Pol und zieht alles zusammen), Oktaven-Intervall; wirkt bestätigend, befestigend, gibt Nachdruck

Wirkungsweise: kann als Symbol in der Luft gezeichnet und imaginiert werden und ruft durch Assoziation zu dem Symbol die entsprechenden Qualitäten hervor

Herkunft: mittelalterliche Astrologie

b) Eurythmie-Oktave

Eurythmie-Oktave

Beschreibung: aufrecht stehen, Arme nach oben (entspricht der Eurythmie-Prime und der Is-Rune)

Symbolik/Zweck/Wirkungsweise: Vollendung

Herkunft: Eurythmie (Rudolf Steiner, ca. 1915)

F Die Chakren

Die Chakren sind sozusagen die Organe des Lebenskraftkörpers. Die Nadis und die Akupunktur-Meridiane sind in diesem Bild die Adern des Lebenskraftkörpers.

1. allgemein

a) Rad

Chakra (Rad)

Beschreibung: beide Hände ausgestreckt mit abgespreiztem Daumen; die linke Handfläche weist nach oben, die rechte nach unten; die rechte Hand liegt auf der linken – beide sind im rechten Winkel zueinander (die vier Speichen der Räder der frühen Streitwagen; die Daumen deuten die Felge an; die Mitte der beiden gekreuzten Hände ist die Achse)

Symbolik/Zweck: Symbolisierung eines Rades, Schicksalsrad, Veränderungen

Wirkungsweise: Assoziation zu dem Rad und daher auch zu den Chakren durch die pantomimische Darstellung eines Rades; sowohl die Lage der Hände aufeinander als auch die abgespreizten Daumen vermitteln Festigkeit und Starre (rechter Winkel), die das Rad stabil machen

Herkunft: indischer Tempeltanz

Anmerkungen: „Chakra" bedeutet „Rad".

b) Herz und Hara

Herz und Hara

Beschreibung: liegen; die rechte Hand liegt auf dem Herzchakra, die linke Hand auf dem Hara

Symbolik/Zweck/Wirkungsweise: vermutlich Einfluß auf die Verteilung von Lebenskraft im Körper

Herkunft: spontan – meistens im Schlaf

Anmerkungen: Vermutlich gibt es auch noch andere Kombinationen von Chakren, auf die man im Schlaf oder intuitiv die Hände legt. Ähnliche Kombinationen von „Hand auf den Körper legen"-Gesten gibt es auch in der tibetischen „Rang Dröl"-Heilmethode.

c) Sulphur

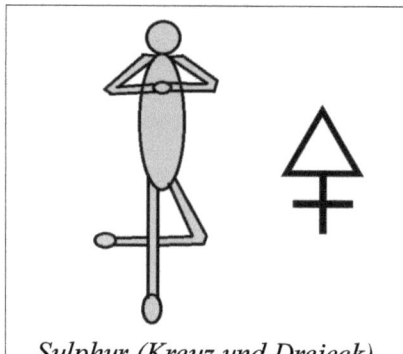

Sulphur (Kreuz und Dreieck)

Beschreibung: liegen, das linke Bein ist im Knie abgewinkelt, die Mitte der linken Wade liegt unter dem rechten Knie und bildet einen rechten Winkel zu dem rechten Bein; beide Hände liegen übereinander auf dem Herzchakra

Symbolik/Zweck/Wirkungsweise: Bei dieser Geste wird das Herzchakra betont (Hände) und die Beine blockiert (Kreuz) bzw. die Beine drücken durch den rechten Winkel Starre, Festigkeit und Halt aus.

Möglicherweise haben auch das Dreieck, das die Arme bilden, und das Kreuz, das die Beine bilden, eine Symbolik – zumal sie das alchemistische Symbol für „Sulphur" darstellen und auch der Haltung der „Herrschers" im Crowley-Tarot entsprechen. Die Wirkung dieser Haltung scheint die Selbstzentrierung und die Wiedererlangung der Gestaltung und Lenkung des eigenen Lebens zu sein – was dem „Herrscher" im Tarot entsprechen würde.

Sulphur (Schwefel) ist in der Alchemie neben Mercurius (Quecksilber) eines der beiden Grundelemente. Das Sulphur-Symbol stellt die feste Form (Kreuz) dar, die durch das Feuer (Dreieck) verwandelt wird. Schwefel ist neben Eisen und Phosphor einer der drei Energieträger in allen Lebewesen. Schwefel wird in der Homöopathie dazu benutzt, Patienten mit völlig verschwommenen Symptomen „Feuer unter dem Hinter zu machen", wodurch dann die ganzen sekundären oder sogar nur vorgetäuschten Symptome verschwinden und das eigentliche primäre Symptom deutlich sichtbar wird.

Diese Symbolik paßt auch zum „Herrscher" im Tarot, da dieser mit seinem Feuer (Dreieck) die Form seines Reiches (Kreuz) gestaltet.

Daher wird diese Haltung in etwa „Gestaltung der Form durch die Kraft" bedeuten und vermutlich auch auf die lenkende und gestaltende Tätigkeit der Seele im Leib hinweisen. Für diese Deutung spricht auch, daß das Herzchakra der „Tempel der Seele" ist und daß das Herzchakra durch die Hände betont und dessen Qualität sozusagen durch die Handchakren gespürt und bewußt aufgenommen wird.

Diese Geste ist also eine „Invokation der eigenen Seele", ein „Bewußtwerden der eigenen Essenz", eine „Hingabe an das eigene wahre Wesen" und eine „gründliche Inkarnation".

Herkunft: spontan – meistens im Schlaf

Anmerkungen: Diese Haltung scheint weiter verbreitet zu sein, obwohl sie meines Wissens nirgendwo explizit beschrieben wird.

2. Wurzelchakra

Das Wurzelchakra ist für den körperlichen Kontakt zuständig und somit auch für das Überleben und die Fülle an Lebenskraft. Dieses Chakra ist auch das Tor, durch das die Lebenskraft der Erde in den Körper aufsteigt und dort zu der aufsteigenden Kundalini wird. Dieses Chakra liegt zwischen Genitalien und After.

a) Hand auflegen

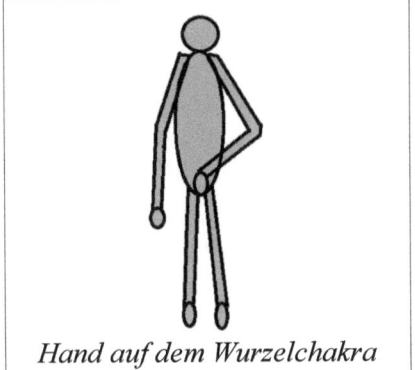

Hand auf dem Wurzelchakra

Beschreibung: liegen; rechte Hand ausgestreckt neben dem Körper; linke Hand auf das Wurzelchakra legen

Symbolik/Zweck: Beruhigen oder Stärken des Wurzelchakras o.ä.

Wirkungsweise: Aktivierung des Wurzelchakras durch das Handchakra

Herkunft: wird meist intuitiv beim Entspannen oder im Schlaf ausgeführt, seltener bewußt

b) Wurzelchakra-Mudra

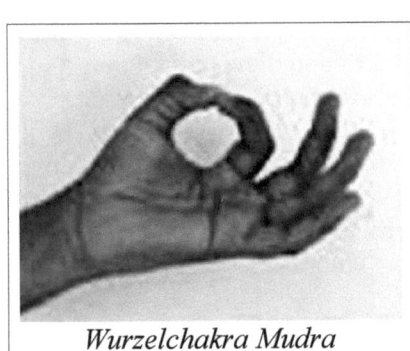

Wurzelchakra Mudra

Beschreibung: Daumen und Zeigefinger bilden einen Kreis; die anderen drei Finger sind locker und lose gebogen

Symbolik/Zweck: Heilen, Erwecken und Aktivieren des Wurzelchakras im Ritual

Wirkungsweise: das Feuer im Daumen (Kundalini) wird durch die Luft im Zeigefinger beweglicher gemacht und kann sich regen; die drei lockeren Finger fördern die Entspannung, die wiederum das Erwachen der Kundalini im Wurzelchakra fördert

Herkunft: Yoga

c) Shivalinga

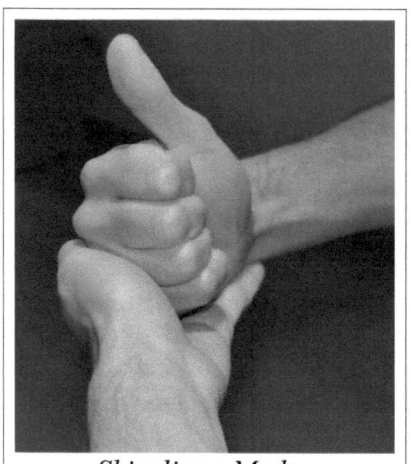

Shivalinga-Mudra

Beschreibung: linke Hand mit der Handfläche nach oben, Daumen und Finger aneinander; rechte Hand zur Faust geballt, Daumen nach oben gestreckt, ruht in der linken Hand

Symbolik/Zweck: die linke Hand ist die Göttin Parvathi bzw. ihr Schoß, die rechte ist Shiva bzw. sein Lingam (Penis); löst Lustlosigkeit, Apathie, Depressionen, Erschöpfung auf; beruhigt Angst und Streß; erdet

Wirkungsweise: das linke Handchakra sendet Lebenskraft in die rechte Faust; die rechte Faust sendet alle Lebenskraft in den Daumen; symbolische Darstellung des erigierten Penis durch den Daumen

Herkunft: Yoga

d) Linga

Linga-Mudra (Penis)

Beschreibung: die Hände sind gefaltet; der Daumen der linken Hand zeigt nach oben (Penis); der Daumen und der Zeigefinger der rechten Hand bildet einen Kreis um den linken Daumen (Vagina)

Symbolik/Zweck: steigert die Körperwärme, regt das Wurzelchakra und die Kundalini an

Wirkungsweise: Ausrichtung der gesamten Lebenskraft auf den aufgerichteten Daumen (Feuer des Penis); Assoziation zur sexuellen Vereinigung

Herkunft: Yoga

Anmerkungen: evtl. auch mit dem rechten Daumen als Penis-Symbol ausprobieren

e) Bhuchari

Buchari
(„auf dem Boden gehen")

Beschreibung: linke Hand zur Faust ballen, Daumen und Kleiner Finger nach oben hin ausstrecken, vorderes Daumenglied über die Lippen, das obere Kinn und den Bereich unter der Nase legen

Symbolik/Zweck: erhöht die Konzentration und die Erinnerungsfähigkeit, beruhigt, fördert den Geruchssinn, fördert die Fähigkeit zum Lung-Lauf (Trancelauf mit sehr hoher Geschwindigkeit); der Punkt zwischen Nase und Oberlippe ist in der Akupressur der Notfallpunkt bei Ohnmacht, Schwächeanfall, Kreislaufkollaps, Schmerzanfall u.ä.; wenn man den Körper auf das Gesicht projiziert, entspricht dieser Punkt dem Wurzelchakra

Name: Resonanz zum Wurzelchakra

Herkunft: Yoga, traditionelle chinesische Medizin

f) Shanti-Mudra

Shanti (Ruhe, Stille, Frieden)

Beschreibung: Lotussitz o.ä.; die Arme seitlich emporstrecken, Handflächen nach innen, Daumen und Finger liegen aneinander

Symbolik/Zweck: regt das Wurzelchakra an, füllt den Körper mit Lebenskraft

Wirkungsweise: fördert die Lebenskraft, die Gesundheit, die Vitalität; regt das Wurzelchakra an – vermutlich durch das Wecken und Aufsteigen der Kundalini

Herkunft: Yoga

Anmerkungen: entspricht der Man-Rune, jedoch im Sitzen; eher eine Baum-Symbolik als eine Kelch-Symbolik

g) Prana

Prana-Mudra

Beschreibung: Zeigefinger und Mittelfinger ausgestreckt und nebeneinander; die Daumenkuppe liegt auf den Kuppen von Ringfinger und Kleinem Finger

Symbolik/Zweck: weckt das Wurzelchakra; stärkt die Lebenskraft, die Vitalität und das Selbstvertrauen

Wirkungsweise: das Feuer des Daumens verbindet sich mit der Erde des Ringfingers und mit dem Wasser des Kleinen Fingers – das gibt eine langsame, stetige Erwärmung und eine ruhige Kraft; die Luft des Zeigefingers und das Licht des Mittelfingers sind miteinander verbunden und machen das Licht und somit das Bewußtsein beweglicher und empfänglich für Veränderungen; bei diesem Mudra besteht neben der Erweckung des Wurzelchakras und der Kundalini in ihm auch ein Kontakt nach außen hin

Herkunft: Yoga

h) Ashvini-Mudra

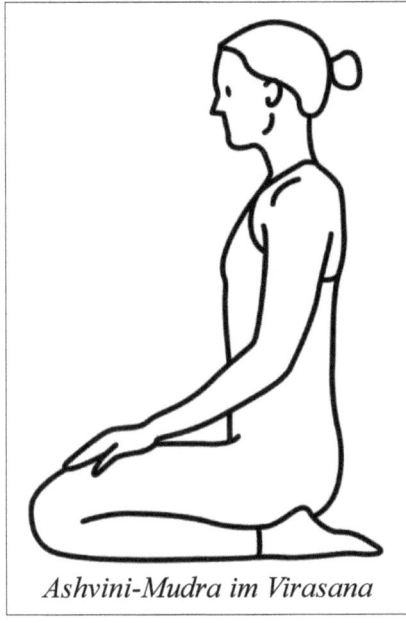

Ashvini-Mudra im Virasana

Beschreibung: Dies ein „unsichtbares" Mudra, da es von den Anusmuskeln ausgeführt wird. Man sitzt im Virasana, im Lotussitz oder im Schneidersitz und spannt beim Einatmen die Anusschließmuskeln an und entspannt sie dann beim Ausatmen wieder.

Symbolik/Zweck: fördert die Sexualität

Wirkungsweise: regt das Wurzelchakra an

Herkunft: Yoga

Anmerkungen: Die Ashvinis sind die Pferde-Zwillinge, die die Söhne des Sonnengott-Göttervaters sind. Sie sind aus fast allen indogermanischen Mythen bekannt: Germanen – Alcis; Römer – Dioskuren; Griechen – Kastor und Pollux; Inder – Ashvins usw.

Dieses Mudra ist in einer leichten Abwandlung die Standard-Übung im heutigen populären Kundalini-Yoga und Tantra-Yoga. Dabei werden nicht die Anusschließmuskeln, sondern die Beckenbodenmuskulatur abwechselnd angespannt und entspannt. Beim Einatmen „schlürft" man den Atem deutlich hörbar ein, beim Ausatmen stößt man ihn aus. Beim Einatmen stellt man sich vor, die Lebenskraft vom Wurzelchakra nach oben hin bis zum Scheitelchakra emporzusaugen; beim Ausatmen läßt man die Lebenskraft aufleuchten.

Das Ashvini-Mudra und diese Tantra-Übung werden oft nicht genau unterschieden, aber da sie beide auf das Wurzelchakra wirken und die Kundalini erwecken, ist das nicht weiter tragisch. Diese beiden Übungen haben lediglich weitere Zusatz-Wirkungen.

Das Ashvini-Mudra stärkt und es verlangsamt das Altern; es stärkt das Herz und den Blutkreislauf.

3. Hara

Das Hara ist das Chakra der inneren Formen, also die körperliche Orientierung, der innere Halt, der innere Rhythmus, die Eigenständigkeit. Es liegt vier Fingerbreit unter dem Nabel.

a) Hand auflegen

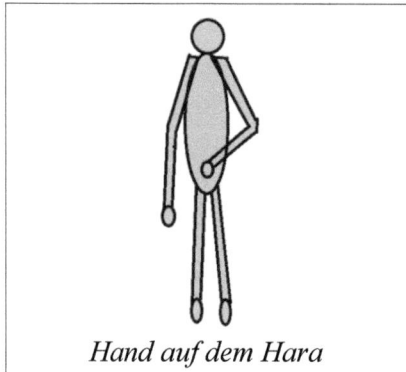

Hand auf dem Hara

Beschreibung: liegen; rechte Hand ausgestreckt neben dem Körper; linke Hand auf das Hara legen

Symbolik/Zweck: Beruhigen oder Stärken des Haras o.ä.

Wirkungsweise: Aktivierung des Haras durch das Handchakra

Herkunft: wird meist intuitiv beim Entspannen oder im Schlaf ausgeführt, seltener bewußt

b) Hara-Mudra

Hara-Mudra

Beschreibung: Lotussitz oder Drache (Virasana); beide Hände liegen vor dem Hara im Schoß; die rechte Hand (Stärke) liegt in der linken Hand (Weisheit), die beiden Daumenkuppen berühren sich

Symbolik/Zweck: Heilen, Erwecken und Aktivieren des Haras im Ritual

Wirkungsweise: die rechte Hand (Stärke) liegt in der linken Hand (Weisheit) – Friedlichkeit und innerer Halt; die beiden Daumenkuppen berühren sich – was zu einer bewußten Kontrolle der Kraft führt

Herkunft: Yoga

c) Svadisthana

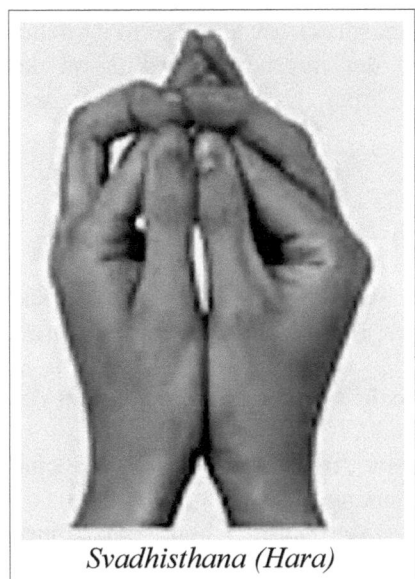

Svadhisthana (Hara)

Beschreibung: Handballen aneinander, Daumen nebeneinander; Zeigefinger, Ringfinger und Kleine Finger nach oben ausgestreckt – sie berühren sich mit den Fingerkuppen; die Mittelfinger sind über die Zeigefinger hinüber in Richtung der Daumen gebogen, deren Spitzen sie berühren

Symbolik/Zweck: Erweckung des Hara; Standfestigkeit, sich dem Wandel anpassen können; Förderung der Fruchtbarkeit; fördert Kontakte zu anderen Menschen

Wirkungsweise: Alle Fingerkuppen der rechten Hand berühren die entsprechenden Fingerkuppen der linken Hand – das müßte die fünf Qualitäten der Finger jeweils in ihrer reinen Form verstärken. Die Fingerkuppen der Mittelfinger berühren jedoch zudem jeweils auch noch die Daumenkuppen, sodaß das Feuer der Daumen mit dem Licht der Mittelfinger verbunden wird – da das Feuer das Wurzelchakra ist und das Licht zum Scheitelchakra gehört, spricht das für ein Anregen der Kundalini.

Herkunft: Yoga

143

4. Sonnengeflecht

Das Sonnengeflecht ist für den körperlichen Selbstausdruck zuständig und ist daher ein Gefühls- und Impulschakra. Es ist das Chakra der internen Koordination der Lebenskraft, also des Flusses der Lebenskraft im Körper. Es liegt kurz unter dem Rippenbogen.

a) Hand auflegen

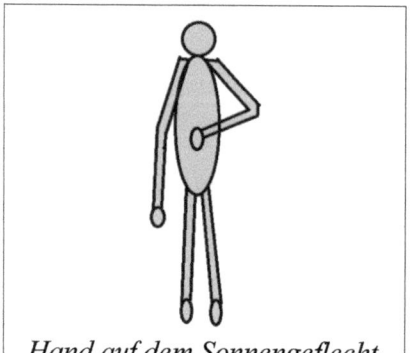

Hand auf dem Sonnengeflecht

Beschreibung: liegen; rechte Hand ausgestreckt neben dem Körper; linke Hand auf das Sonnengeflecht legen

Symbolik/Zweck: Beruhigen oder Stärken des Sonnengeflechts o.ä.

Wirkungsweise: Aktivierung des Wurzelchakras durch das Sonnengeflecht

Herkunft: wird meist intuitiv beim Entspannen oder im Schlaf ausgeführt, seltener bewußt

b) Sonnengeflecht-Mudra

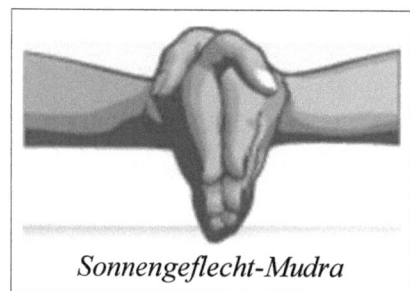

Sonnengeflecht-Mudra

Beschreibung: die Handflächen liegen aneinander; die Daumen liegen über der jeweils anderen Hand, dabei liegt der linke Daumen über dem rechten Daumen

Symbolik/Zweck: Heilen, Erwecken und Aktivieren des Sonnengeflechts im Ritual

Wirkungsweise: Verschließen der Handchakren = Zurückhaltung, Bewahrung der Lebenskraft; Kreuzen der Daumen = Kontrolle und Lenkung des Feuers der Daumen; kombiniert ergibt dies ein Bild der Lenkung der Lebenskraft im Körper durch das Sonnengeflecht

Herkunft: Yoga

c) Manipura Chakra

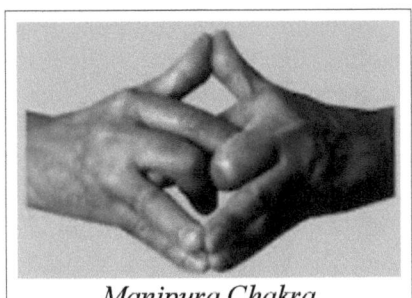

Manipura Chakra (Sonnengeflecht)

Beschreibung: Daumenkuppe an Daumenkuppe; rechter Zeigefinger über linkem Zeigefinger unter linkem Mittelfinger; linker Zeigefinger unter rechtem Zeigefinger und rechtem Mittelfinger; linker Mittelfinger über rechtem Zeigefinger und dann nach unten abgewinkelt; rechter Mittelfinger über linkem Zeigefinger und dann nach unten hin angewinkelt; beide Mittelfinger angewinkelt, die mittleren Fingerglieder und die vorderen Fingerglieder liegen aneinander; Ringfingerkuppe an Ringfingerkuppe, auf dieselbe Weise berühren sich auch die beiden Kleinen Finger

Symbolik/Zweck: Erweckung des Sonnengeflechts; stärkt die Lebenskraft im eigenen Körper; fördert die Empathie; fördert die Verdauung

Wirkungsweise: das Feuer der beiden Daumen wird miteinander verbunden und so verstärkt, dasselbe gilt für die Erde der Ringfinger und das Wasser der Kleinen Finger; das Licht der Mittelfinger ist durch das Aneinanderliegen der Mittelfinger gebündelt; durch das Liegen der Mittelfinger über den Zeigefingern lenkt das Licht (Mittelfinger) die Luft (Zeigefinger)

Herkunft: Yoga

d) Matamgi

Matamgi-Mudra

Beschreibung: Hände falten, rechter Daumen über dem linken Daumen, beide Mittelfinger nach oben ausgestreckt und mit den Fingerkuppen aneinander

Symbolik/Zweck: heilt die Atmung; stärkt den Solarplexus

Wirkungsweise: Hände falten = Bewahrung der Lebenskraft im Inneren; Bündelung des Lichtes der Mittelfinger = bewußte Lenkung der inneren Kräfte

Herkunft: Yoga

e) Yr-Rune

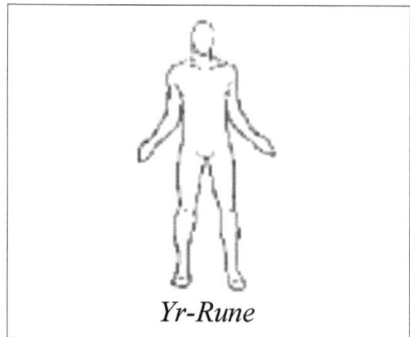

Yr-Rune

Beschreibung: aufrecht stehen, die Füße evtl. ein wenig auseinander; die Oberarme liegen am Körper an, die Unterarme sind in einem Winkel von ca. 45° seitlich nach unten hin abgewinkelt: Hände ausgestreckt

Symbolik/Zweck/Wirkungsweise: Nachahmung der Form der Rune = Assoziation zu der Bedeutung der Rune; das Sonnengeflecht befindet sich zwischen den beiden angewinkelten Ellenbogen und wird dadurch stark aktiviert; die angewinkelten Ellenbogen erzeugen eine hohe Spannung im Körper

Herkunft: Deutschland/Österreich um ca. 1880

Anmerkungen: Diese Runenhaltung wirkt sehr stark auf das Sonnengeflecht.

f) Yr-Mudra

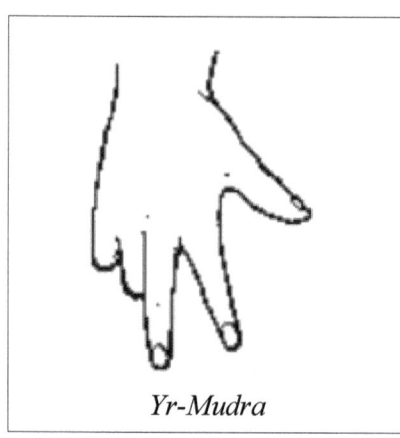

Yr-Mudra

Beschreibung: Zeigefinger und Mittelfinger spreizen; den Daumen so abspreizen, daß er einen rechten Winkel zu Zeigefinger und Mittelfinger bildet (wenn man mit den drei Fingerkuppen eine Fläche berührt, bilden sie dort ein „L"); Ringfinger und Kleiner Finger sind eingerollt

Symbolik/Zweck: Verstärkung der Wirkung der Yr-Rune

Wirkungsweise: Nachahmung der Form der Rune – Assoziation zu der Bedeutung der Rune; das Feuer des Daumens, die Luft des Zeigefingers und das Licht des Mittelfingers spannen durch den rechten Winkel einen Raum auf und erzeugen eine Spannung in ihm

Herkunft: Deutschland/Österreich um ca. 1880

Anmerkungen: Die Kombination von Yr-Asana und Yr-Mudra ist sehr wirkungsvoll.

5. Herzchakra

Das Herzchakra ist der „Tempel der Seele". In diesem Chakra liegt die eigene Individualität. Es ist das Zentrum des Chakrensystems. Es liegt in der Mitte der Brust.

a) Hand auflegen

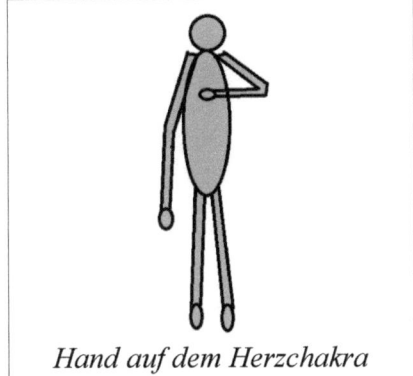

Hand auf dem Herzchakra

Beschreibung: liegen; rechte Hand ausgestreckt neben dem Körper; linke Hand auf das Herzchakra legen

Symbolik/Zweck: Beruhigen oder Stärken des Herzchakras o.ä., sich wieder auf sich selber und auf die eigene Seele und die eigene Wahrheit besinnen

Wirkungsweise: Aktivierung des Herzchakras durch das Handchakra

Herkunft: wird meist intuitiv beim Entspannen oder im Schlaf ausgeführt, seltener bewußt

b) Anahata Chakra

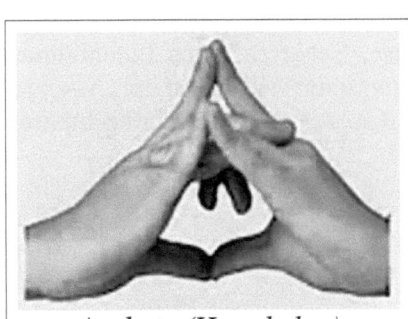

Anahata (Herzchakra)

Beschreibung: Hände falten; die beiden Daumen, die beiden Zeigefinger und die beiden Kleinen Finger berühren sich jeweils mit den Kuppen

Symbolik/Zweck: Heilen, Erwecken und Aktivieren des Herzchakras; Stärkung von Herz und Lunge; fördert Mitgefühl und Heilerfähigkeiten

Wirkungsweise: das Wasser der Kleinen Finger ist das Fühlen und das Mitgefühl; die Luft der Zeigefinger sind die Beweglichkeit und das Feuer der Daumen ist die Tatkraft; ihre Kombination ergibt kraftvolle emotionale Beweglichkeit

Herkunft: Yoga

c) Varada

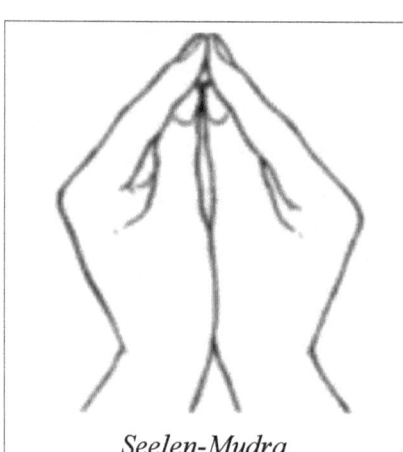

Varada-Mudra

Beschreibung: Handfläche nach vorne; die Mittelfingerkuppe berührt die Daumenkuppe; die anderen Finger sind lose nach oben gestreckt

Symbolik/Zweck: Geste des „sich selber Vergebens"

Wirkungsweise: Vereinigung des Kundalini-Feuers des Daumens mit dem Bindhu-Licht des Mittelfingers, d.h. die Vereinigung der grundlegenden Gegensätze von Sonne (Licht, Bindhu, oben, Adler) und Erde (Feuer, Kundalini, unten, Schlange); diese Vereinigung findet im Herzchakra statt = die Inkarnation der Seele und die Bewußtwerdung der Seele (Selbsterkenntnis)

Herkunft: Yoga

d) Seelen-Mudra

Seelen-Mudra

Beschreibung: die Finger ungefähr im rechten Winkel zur Handfläche nebeneinander abwinkeln, die Daumenkuppe an das vorderste Zeigefingergelenk; Daumen und Fingerkuppen aneinanderlegen

Symbolik/Zweck: öffnet das Herzchakra und macht die eigene Seele bewußt

Wirkungsweise: Schaffen eines Innenraumes zwischen den gewölbten Handflächen; Assoziation zu Schutz und zu dem Bewußtsein im Inneren

Herkunft: Yoga

e) Apan

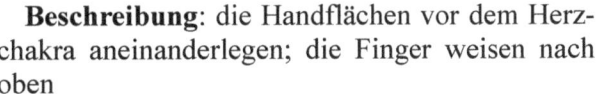

Apan-Mudra

Beschreibung: Daumenkuppe an die Kuppen von Mittelfinger und Ringfinger legen; Zeigefinger und Kleiner Finger ausgestreckt und abgespreizt

Symbolik/Zweck: heilt die Atmung

Wirkungsweise: Vereinigung des Feuers des Daumens mit dem Licht des Mittelfingers und der Erde des Ringfingers = Erdung von Licht und Kraft = Inkarnation der Seele, deren Tempel das Herzchakra ist

Herkunft: Yoga

f) Anjali

Anjali-Mudra

Beschreibung: die Handflächen vor dem Herzchakra aneinanderlegen; die Finger weisen nach oben

Symbolik/Zweck: Wecken des Herzchakras, Begegnung mit der eigenen Seele, Selbsterkenntnis, innerer Frieden, Gelassenheit, häufige Meditations- und Gebetsgeste

Wirkungsweise: Betonung des Herzchakras durch die Handhaltung; Handflächen zusammen = nach innen wenden

Herkunft: Yoga

g) Vajrapradama

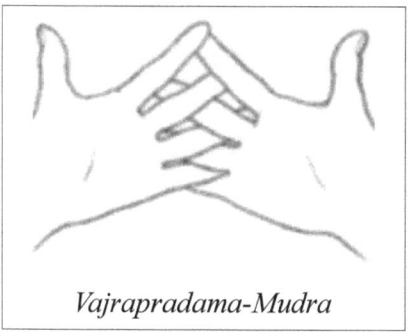

Vajrapradama-Mudra

Beschreibung: die Finger „verweben", Zeige-fingerkuppen aneinander, Daumen abgespreizt
Symbolik/Zweck: fördert das Selbstvertrauen
Wirkungsweise: Integration der Eigenschaften der vier Finger miteinander; sich in der Stille (das Feuer der Daumen wird vorerst nicht integriert) auf sich selber besinnen = Selbsterkenntnis = Selbstvertrauen
Herkunft: Yoga

h) Finger-Herz

„Finger-Herz"

Beschreibung: die Daumen und die Finger beider Hände bilden ein Herz; die Finger sind miteinander „verhakt"
Symbolik/Zweck: Symbol des Herzens und der Zuneigung
Wirkungsweise: Assoziation zum Herz-Symbol; die Eigenschaften der vier Fingerpaare werden miteinander verbunden und integriert; das Feuer der Daumen wird verbunden und nach unten hin ausgerichtet
Herkunft: neu (?)

i) Lotus

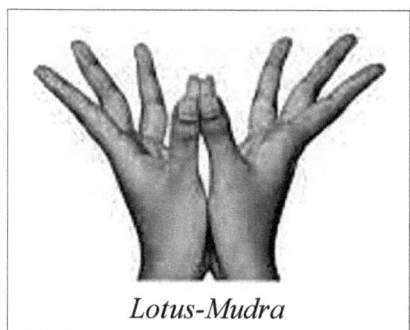

Lotus-Mudra

Beschreibung: Handballen aneinander; die Finger nach oben hin ausgestreckt und gespreizt, die Daumenspitzen liegen aneinander, die Spitzen der Kleinen Finger liegen aneinander
Symbolik/Zweck: öffnet das Herzchakra, macht die eigene Seele bewußter, fördert Liebe
Wirkungsweise: Bündelung der Kräfte aller zehn Finger nach oben hin = einsgerichtet; Assoziation zu einer Blüte
Herkunft: Yoga

6. Halschakra

Das Halschakra ist für den sozialen Selbstausdruck zuständig und ist der Gegenpol zu dem Sonnengeflecht. Auch das Halschakra ist ein Gefühls- und Impulschakra. Es regelt den externen Lebenskraftfluß, also den Lebenskraftaustausch mit anderen Menschen und generell mit der Welt. Es liegt in der Mitte des Halses.

a) Hand auflegen

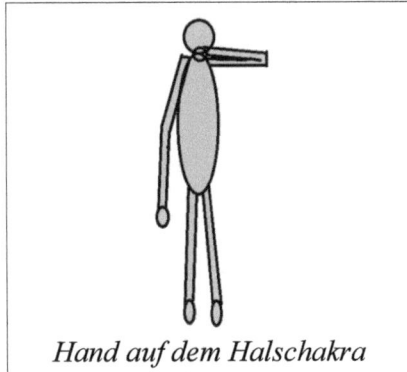

Hand auf dem Halschakra

Beschreibung: liegen; rechte Hand ausgestreckt neben dem Körper; linke Hand auf das Halschakra legen

Symbolik/Zweck: Beruhigen oder Stärken des Halschakras o.ä.

Wirkungsweise: Aktivierung des Halschakras durch das Handchakra

Herkunft: wird meist intuitiv beim Entspannen oder im Schlaf ausgeführt, seltener bewußt

b) Vishudda Chakra

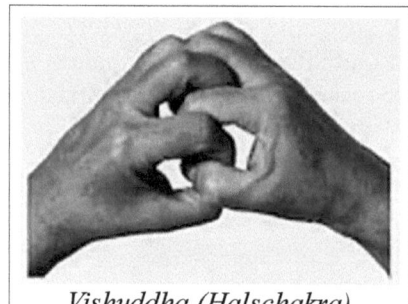

Vishuddha (Halschakra)

Beschreibung: die Daumen und die Zeigefinger beider Hände bilden zwei Kreise, die wie zwei Kettenglieder ineinander liegen; die übrigen Finger haken ineinander

Symbolik/Zweck: Erwecken des Halschakras; Mut sich zu zeigen, Verbesserung der Kommunikation, größere Überzeugungskraft, besseres Verstehen von anderen

Wirkungsweise: das Licht der Mittelfinger, die Erde der Ringfinger und das Wasser der Kleinen Finger werden im Innen behalten (Kuppen gleicher Finger aufeinander); das Feuer des Daumens verbindet sich zweimal mit der Luft des Zeigefingers und gibt dem Betreffenden Stärke im Selbstausdruck

Herkunft: Yoga

c) Halschakra-Mudra

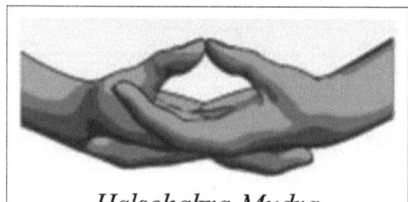

Halschakra-Mudra

Beschreibung: wie das Hara-Mudra, aber die Finger sind gefaltet und die Daumen stärker nach oben hin abgespreizt

Symbolik/Zweck: Heilen, Erwecken und Aktivieren des Halschakras

Wirkungsweise: die Elemente der zweimal vier Finger werden miteinander verbunden; das Feuer der beiden Daumen wird nach oben gerichtet und hat die „Finger-Schale" als Fundament und Rückhalt = sich mit aller Kraft zeigen, verwirklichen und durchsetzen

Herkunft: Yoga

d) Shank

Beschreibung: rechte Hand aufrecht, der Daumen leicht abgewinkelt, die Handfläche nach links; die vier Finger der linken Hand umfassen den rechten Daumen, der linke Daumen ist aufrecht und berührt mit seiner Kuppe die Kuppe des rechten Zeigefingers und des rechten Mittelfingers

Symbolik/Zweck: hilft bei Halsproblemen, erweckt das Halschakra, wird in hindhuistischen Ritualen verwendet

Wirkungsweise: der rechte Daumen wird umfaßt und sein Feuer zu dem linken Daumen emporgeleitet, der wiederum durch den Zeigefinger und den Mittelfinger der rechten Hand weitergeleitet wird = Bündelung der Kraft

Herkunft: Yoga

Shank-Mudra

e) Vitarka

Beschreibung: die rechte Hand erhoben, Handfläche nach vorn, Daumenkuppe und Zeigefingerkuppe berühren sich, Daumen und Zeigefinger bilden einen Kreis

Symbolik/Zweck: Geste des Lehrens und Erklärens (Geste, die auch beim Erklären im Alltag verwendet wird)

Wirkungsweise: pantomische Wirkung; Leiten des Feuers der Überzeugungskraft aus dem Daumen in die Luft der Verstandes im Zeigefinger

Herkunft: Yoga, Buddha

Anmerkungen: Das Halschakra ist u.a. für das Sprechen und somit auch für das Erklären zuständig.

Vitarka-Mudra

153

f) Os-Rune

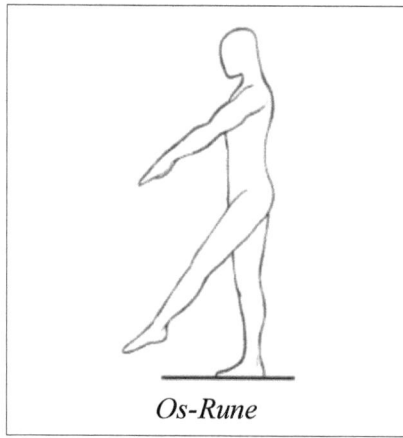

Os-Rune

Beschreibung: aufrecht, rechten Fuß und rechten Arm im 45°-Winkel nach vorne unten abwinkeln, linken Arm gerade nach unten (geht auch mit vertauschten Seiten)

Symbolik/Zweck: Halschakra-Rune, Bezug zu den Asen, Beredsamkeit

Wirkungsweise: Nachahmung der Form der Rune – Assoziation zu der Bedeutung der Rune; das abgespreizte Bein betont das Wurzelchakra, der abgespreizte Arm betont das Halschakra = das Kundalini-Feuer steigt aus dem Wurzelchakra in das Halschakra hinauf

Herkunft: Deutschland/Österreich um ca. 1880

Anmerkungen: Diese Rune mit dem Lautwert „o" ist in der Neuzeit weitgehend frei erfunden worden – aber trotzdem wirksam.

g) Os-Mudra

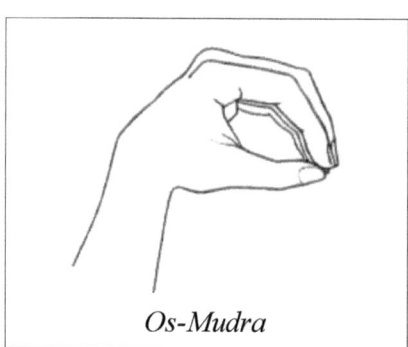

Os-Mudra

Beschreibung: die vier Finger und der Daumen bilden einen Kreis

Symbolik/Zweck: Verstärkung der Os-Rune

Wirkungsweise: Nachahmung der Form der Rune – Assoziation zu der Bedeutung der Rune; hier ist aus der Os-Rune sogar die Form eines „o" geworden, das eher zu der Rune „Othil" gehören würde; durch die Bündelung aller fünf Elemente und die Kreisform entsteht eine bewußte Gelassenheit – eine gute Grundlage für das sich-Zeigen im Halschakra ...

Herkunft: Deutschland/Österreich um ca. 1880

Anmerkungen: Diese Rune mit dem Lautwert „o" ist in der Neuzeit weitgehend frei erfunden worden.

7. Drittes Auge

Das Dritte Auge ist der Gegenpol zu dem Hara: die äußere Orientierung und somit auch das Denken und Verstehen. Es ist wie das Hara ein Form-Chakra. Es liegt zwischen den Augenbrauen.

a) Hand auflegen

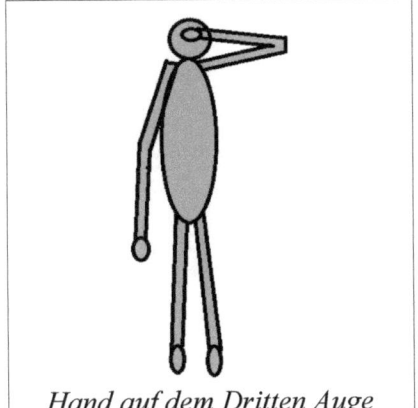

Hand auf dem Dritten Auge

Beschreibung: liegen; rechte Hand ausgestreckt neben dem Körper; linke Hand auf das Dritte Auge legen

Symbolik/Zweck: Beruhigen oder Stärken des Dritten Auges o.ä.

Wirkungsweise: Aktivierung des Dritten Auges durch das Handchakra

Herkunft: wird meist intuitiv beim Entspannen oder im Schlaf ausgeführt, seltener bewußt

b) Ajna Chakra Mudra

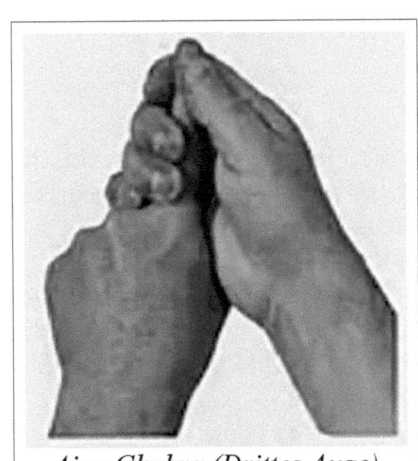

Ajna Chakra (Drittes Auge)

Beschreibung: die linke Hand zur Faust ballen, den linken Zeigefinger emporstrecken; die rechte Hand umfaßt den Zeigefinger, die rechte Daumen-Kuppe liegt unter dem Fingernagel des linken Zeigefingers

Symbolik/Zweck: Klärung, Konzentration, Intuition, Visionen, Befreiung; Wecken des Dritten Auges

Wirkungsweise: die Luft des rechten Zeigefingers (Luft = Wahrnehmung, Erkenntnis) wird durch die vier Finger der linken Hand ausgerichtet und durch den linken Daumen gestärkt

Herkunft: Yoga

155

c) Drittes Auge Mudra

Drittes Auge Mudra

Beschreibung: die Finger liegen mit den Mittel-Gliedern aneinander, die beiden Mittelfinger ragen jedoch nach oben und berühren sich mit den Fingerkuppen; auch die Daumen berühren sich mit den seitlichen Fingerkuppen

Symbolik/Zweck: Heilen, Erwecken und Aktivieren des Dritten Auges im Ritual

Wirkungsweise: alle Energie wird einbehalten außer dem Licht der Zeigefinger, das nach oben gesendet wird; Wirkt dieses Mudra durch das Licht-Element auf das Dritte Auge?

Herkunft: Yoga

d) Gyan

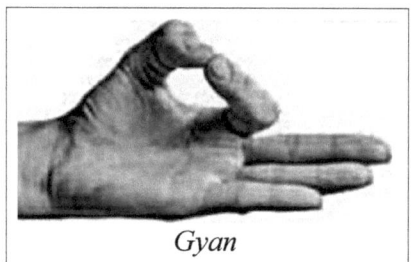

Gyan

Beschreibung: Finger ausstrecken, Daumen und Zeigefinger formen einen Kreis

Symbolik/Zweck: stärkt den Verstand und die Erinnerungsfähigkeit

Wirkungsweise: das Feuer des Daumens gibt der Luft (Denken, Erkenntnis) des Zeigefingers Kraft

Herkunft: Yoga

e) Shoonya

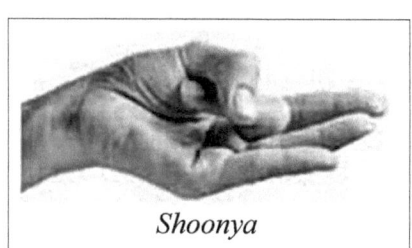

Shoonya

Beschreibung: die Finger sind ausgestreckt, der Mittelfinger wird gebogen, der Daumen liegt auf dem vorderen Gelenk des Mittelfingers

Symbolik/Zweck: heilt die Ohren

Wirkungsweise: das Feuer des Daumens ist bezüglich des Lichtes des Mittelfingers dominant, was die Durchsetzung der eigenen Absichten fördert

Herkunft: Yoga

f) Shambhavi

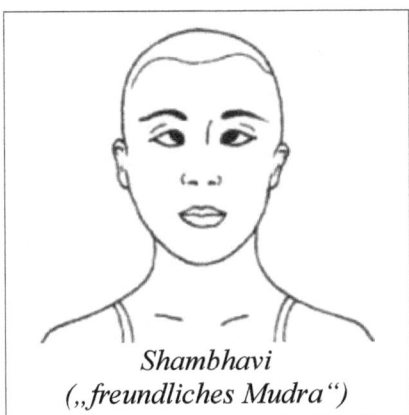

Shambhavi
(„freundliches Mudra")

Beschreibung: die Augen blicken zur Mitte und nach oben zum Dritten Auge hinauf

Symbolik/Zweck: reduziert Streß, fördert das Erwachen des Dritten Auges, fördert Einsichten

Wirkungsweise: Ausrichtung auf das Dritte Auge

Herkunft: Yoga

g) Agochari-Mudra

Agochari („Mudra der
unsichtbaren Dinge")

Beschreibung: zur Nasenspitze blicken

Symbolik/Zweck: regt das Wurzelchakra an, fördert die Konzentration, beruhigt

Wirkungsweise: Konzentration, in eine ungewohnte Richtung blicken

Herkunft: Yoga; bereits aus dem vor-vedischen Mohenjo-Daro bekannt

h) Sig-Tyr-Rune

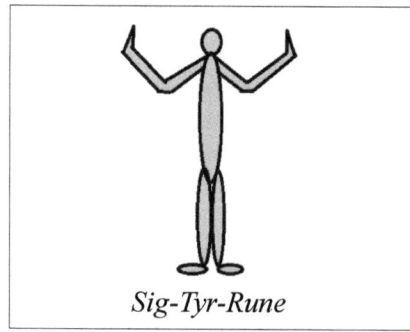

Sig-Tyr-Rune

Beschreibung: aufrecht, Oberarme schräg nach außen unten, Unterarme schräg nach außen oben, Hände entweder in der Richtung der Unterarme gestreckt (empfangende Geste) oder senkrecht nach oben mit der Handfläche Richtung Kopf (Konzentration auf das Dritte Auge)

Symbolik/Zweck: Anrufung des Sig-Tyr, Erwecken des Dritten Auges, generelle Anrufungs-Geste

Wirkungsweise: Kelch-Geste; Verbindung der Handchakren mit dem Dritten Auge in einer geraden Linie, wodurch das Dritte Auge angeregt wird

Herkunft: Deutschland/Österreich um ca. 1880

8. Scheitelchakra

Das Scheitelchakra ist für den geistigen Kontakt zuständig. Es ist somit der Gegenpol zu dem Wurzelchakra, das für den körperlichen Kontakt verantwortlich ist. Beide Chakren sind Chakren des Erlebens im Hier und Jetzt – beide haben somit die Möglichkeit zur Einsgerichtetheit, also zur Ekstase. Das Scheitelchakra liegt oben auf dem Kopf.

a) Hand auflegen

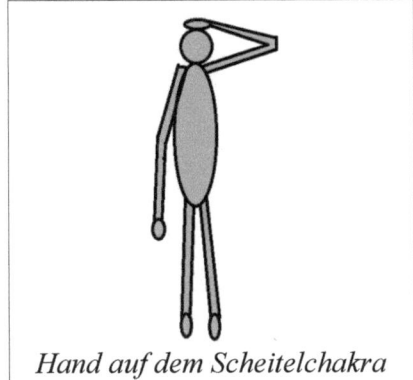

Hand auf dem Scheitelchakra

Beschreibung: liegen; rechte Hand ausgestreckt neben dem Körper; linke Hand auf das Scheitelchakra legen

Symbolik/Zweck: Beruhigen oder Stärken des Scheitelchakras o.ä.

Wirkungsweise: Aktivierung des Scheitelchakras durch das Handchakra

Herkunft: wird meist intuitiv beim Entspannen oder im Schlaf ausgeführt, seltener bewußt

b) Sahasrara Chakra

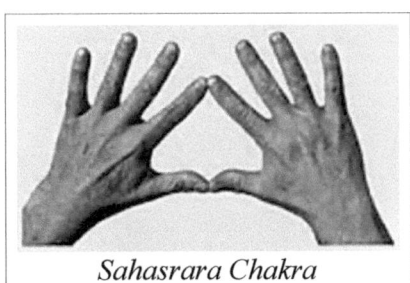

Sahasrara Chakra (Scheitelchakra)

Beschreibung: Handrücken beider Hände nach oben, Finger ausgestreckt und leicht gespreizt, Zeigefingerspitzen berühren sich, Daumenspitzen berühren sich

Symbolik/Zweck: Erweckung des Scheitelchakras; fördert die Intuition, beruhigt den Kopf, lindert Kopfschmerzen

Wirkungsweise: das Feuer der Daumen und die Luft der Zeigefinger werden zum „Feuer am Himmel", d.h. zum Sonnensymbol und zum „aufgestiegenen Feuer" (Kundalini im Scheitelchakra) verbunden

Herkunft: Yoga

Anmerkungen: entspricht weitgehend der chinesischen Sonnen-Geste

159

c) Uttarabodhi

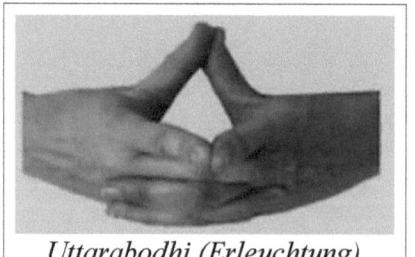

Uttarabodhi (Erleuchtung)

Beschreibung: Finger lose falten, Zeigefinger mit den Spitzen aneinander, Daumen mit Spitzen aneinander

Symbolik/Zweck: fördert Herz und Lungen und das Scheitelchakra

Wirkungsweise: Sammlung (Hände falten), Aktivieren des Feuers der Daumen und der Luft (Beweglichkeit) der Zeigefinger

Herkunft: Yoga

Anmerkungen: Die Wirkungsweise dieses Mudras entspricht der Wirkungsweise des vorigen Mudras (Sahasrara Chakra) und der der chinesischen Sonnen-Geste – sie alle kombinieren Feuer (Daumen) und Zeigefinger (Luft).

d) Jnana/Chin

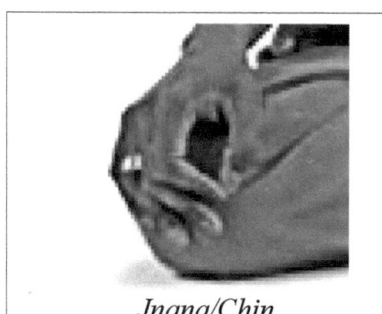

Jnana/Chin

Beschreibung: Daumenkuppe auf Zeigefingerkuppe; die übrigen Finger sind entspannt (im Gegensatz zu dem Gyan-Mudra, wo sie in Spannung sind)

Symbolik/Zweck: Erwecken des Scheitelchakras

Wirkungsweise: wie bei den vorigen Mudras wieder die Verbindung des Feuers des Daumens mit der Luft des Zeigefingers

Herkunft: Yoga

e) Shunya

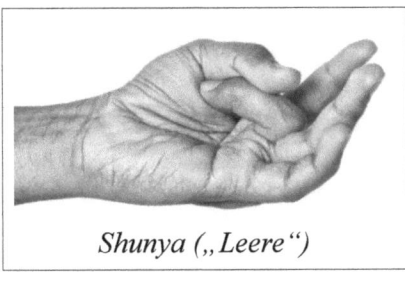

Shunya („Leere")

Beschreibung: Handfläche nach oben, Mittelfingerkuppe auf den Handballen, den Daumen über den Mittelfinger legen, die übrigen drei Finger entspannt und leicht gebogen

Symbolik/Zweck: Entspannung, Loslassen, Hingabe, Erwecken des Scheitelchakras

Wirkungsweise: Verbindung des Feuers des Daumens und des Daumenballens („Marsberg") mit dem Licht des Mittelfingers = Aufsteigen der Kundalini (Feuer) in das Scheitelchakra (Licht)

Herkunft: Yoga

Anmerkungen: Die „Leere" („Shunya") ist die Einheit des Bewußtseins im Gegensatz zu der Vielheit der Materie. Der Kontakt zur Materie geschieht durch das Wurzelchakra, der Kontakt zum Bewußtsein geschieht durch das Scheitelchakra.

f) Scheitelchakra

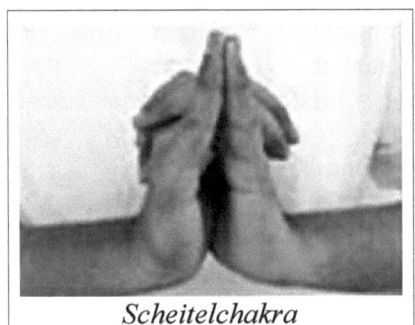

Scheitelchakra

Beschreibung: Unterarme waagerecht, Hände an den Handgelenken senkrecht nach oben hin abknicken, Hände mit den Handflächen aneinander, Hände falten, die beiden Kleinen Finger aneinander und nach oben hin strecken

Symbolik/Zweck: Heilen, Erwecken und Aktivieren des Scheitelchakras im Ritual

Wirkungsweise: Sammlung (Hände falten) und weiches Fließen nach oben (Wasser-Lebenskraft der Kleinen Finger)

Herkunft: Yoga

g) Pushpaputa

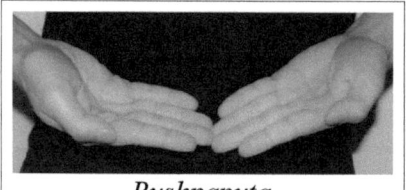

Pushpaputa

Beschreibung: Hände mit den Handflächen nach oben in den Schoß legen; Spitzen der Mittelfinger aneinander

Symbolik/Zweck: fördert Offenheit und das Annehmen von dem, was ist

Wirkungsweise: Geste der Offenheit und des Empfangens

Herkunft: Yoga

h) Bhumisparsha

Bhumisparsha (Erdberührung)

Beschreibung: Lotussitz o.ä.; die linke Hand liegt mit der Handfläche nach oben im Schoß, die rechte Hand liegt über dem rechten Schienbein, der rechte Mittelfinger berührt mit seiner Kuppe die Erde

Symbolik/Zweck: erdet, verankert das Einsein-Bewußtsein des Scheitelchakras in der Erdverbundenheit des Wurzelchakras

Wirkungsweise: symbolisch; Kontakt zur Erde, Berührung der Erde

Herkunft: Yoga, Buddhismus

Anmerkungen: Buddhas Geste des Anrufens der Erde als Zeuge der eigenen Erleuchtung; Geste der Vollendung (Haltung des Buddhas Aksobhya)

G   Pflanzen

Es gibt noch einige weitere Pflanzen-Haltungen, aber insgesamt sind Pflanzen-Gesten (Asanas/Mudras) deutlich seltener als Tier-Gesten (Asanas/Mudras).

a)   Baum-Asana

Vriksh-Asana (Baum)

Beschreibung: aufrecht stehen, rechten Fuß an linkes Knie, Handflächen über dem Kopf aneinanderlegen

Symbolik/Zweck: Erdung, Elastizität, Gleichgewicht; evtl. auch Identifizierung mit dem Weltenbaum

Wirkungsweise: Darstellung eines Baumes mit Stamm (linkes Bein) und Krone (Kopf und Arme); Balancieren

Herkunft: Yoga

b)   Berkana-Rune

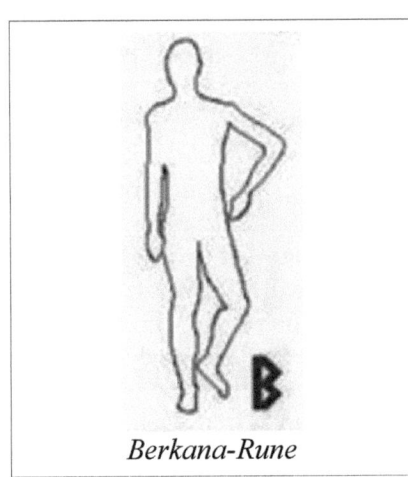

Berkana-Rune

Beschreibung: aufrecht stehen, linke Hand auf linke Hüfte; linkes Knie leicht anwinkeln, linke Ferse an rechte Fessel, linker Fuß auf den Zehenspitzen

Symbolik/Zweck: Birke, Reinheit, Schutz

Wirkungsweise: Nachahmung der Form der Rune – Assoziation zu der Bedeutung der Rune; mehr Stabilität durch das Ausrichten des linken Handchakras auf das Hara

Herkunft: Deutschland/Österreich um ca. 1880

Anmerkungen: Laut „b"; Name „Berkana" („Birke")

163

c) Berkana-Mudra

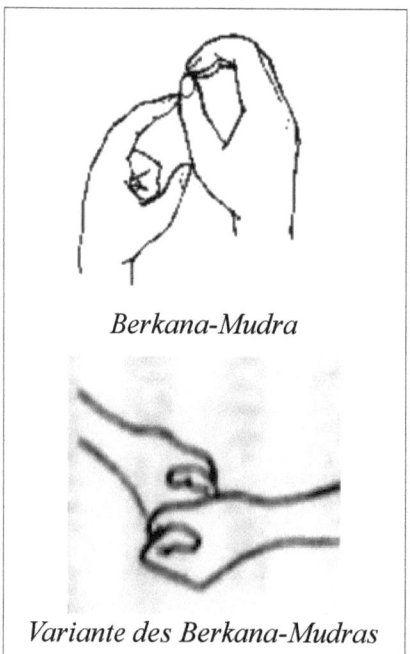

Berkana-Mudra

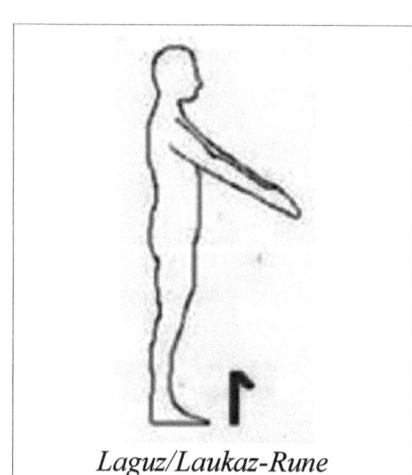

Variante des Berkana-Mudras

Beschreibung: rechter Zeigefinger auf rechten Daumen, die drei anderen Finger neben dem rechten Zeigefinger; linker Zeigefinger auf Ansatz des rechten Daumennagels, linken Daumen auf Ansatz des rechten Daumens
Variante: zwei Fäuste aneinanderlegen
Symbolik/Zweck: Beruhigung, Schutz, Verstärkung der Berkana-Rune
Wirkungsweise: Nachahmung der Form der Rune – Assoziation zu der Bedeutung der Rune; zwei Kreise = Schutz; rechter Daumen im Zentrum der Geste = Beruhigung und Ausrichtung der Kraft in dem rechten Daumen
Herkunft: Deutschland/Österreich um ca. 1880

d) Laguz/Laukaz-Rune

Laguz/Laukaz-Rune

Beschreibung: aufrecht, die Arme und Hände nebeneinander im 45°-Winkel nach vorne unten ausgestreckt
Symbolik/Zweck: ursprünglich: See, Wasser, Seefahrt („laguz" ist verwandt mit deutsch „Lache, Laach", englisch „lake", italienisch „laggio"); Gift-Schutz; Assoziation zur morgendliche Sonnen-Anrufung und der ihr vorausgehenden Wiederzeugung der Sonne; heute: Wasser, Schutz
Wirkungsweise: Nachahmung der Form der Rune – Assoziation zu der Bedeutung der Rune
Herkunft: Deutschland/Österreich um ca. 1880
Anmerkungen: Laut: „l"; Name: „laguz" („Gewässer, See") und „laukaz" („Lauch, Kraut")

164

e) Knospe

Mukula (Knospe)

Beschreibung: Handfläche nach oben, alle Fingerspitzen zusammen

Symbolik/Zweck: Knospe, Frühling, Potential, Anfang, Chakra; fördert die Regeneration

Wirkungsweise: alle Qualitäten der Lebenskraft (die fünf Finger) vereinen und bündeln sich

Herkunft: indischer Tempeltanz

f) halb aufgeblühter Lotus

*Padmakosha
(halb aufgeblühte Lotusblüte)*

Beschreibung: Handfläche nach oben, Finger wie Blütenblätter geöffnet

Symbolik/Zweck: sich für etwas öffnen, sein Herz öffnen, ein Chakra öffnen

Wirkungsweise: Assoziation zur offenen Lotusblüte; Handchakra und Finger weisen alle nach oben und strahlen in dieselbe Richtung

Herkunft: indischer Tempeltanz

Anmerkungen: Diese Geste wird oft als Folge-Geste zur der Lotusknospe verwendet. Wenn diese Geste mit der rechten Hand durchgeführt wird, wird die Hand dabei ca. 90° gegen den Uhrzeigersinn gedreht, um den Eindruck des Erblühens zu verstärken (linke Hand – im Uhrzeigersinn drehen). Auf diese Geste folgt in der Regel die Geste der voll erblühten Lotusblume.

g)   aufgeblühter Lotus

*Alapadma
(voll erblüter Lotus)*

Beschreibung: Handfläche nach oben, Finger gespreizt, der Zeigefinger und der Kleine Finger zeigen ungefähr in entgegengesetzte Richtung;

Bei der Bewegung des Öffnens von der Geste „Knospe" zu der Geste „aufgeblühter Lotus" wird das Handgelenk gedreht – wenn man die Geste mit der rechten Hand durchführt, ist das Handgelenk zunächst so weit wie möglich im den Uhrzeigersinn gedreht; dann dreht man die Hand beim Öffnen der Blüte gegen den Uhrzeigersinn bis das Handgelenk bei der „geöffneten Blüte" so weit wie möglich gegen den Uhrzeigersinn gedreht ist

Symbolik/Zweck: Symbolisierung einer Lotusblüte; Öffnen eines Chakras

Wirkungsweise: die Geste stellt ein Öffnen dar

Herkunft: indischer Tempeltanz

h)   Padma

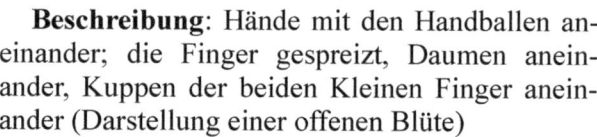

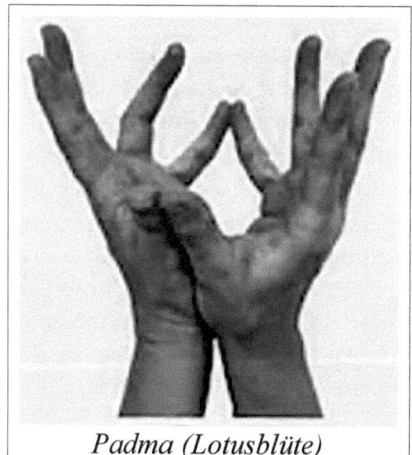

Padma (Lotusblüte)

Beschreibung: Hände mit den Handballen aneinander; die Finger gespreizt, Daumen aneinander, Kuppen der beiden Kleinen Finger aneinander (Darstellung einer offenen Blüte)

Symbolik/Zweck: Reinheit; fördert die Kommunikation vom Herzen her; öffnet das Herzchakra

Wirkungsweise: Darstellung der offenen Blüte; die beiden Handchakren und die zehn Finger strahlen alle nach oben

Herkunft: Yoga

H Tiere

a) Löwe

Simhamukha (Löwenkopf)

Beschreibung: Hand zeigt nach vorne oben, Handfläche unten, Daumen und Kleiner Finger nach vorne oben, die anderen drei Finger gerade nach vorne

Symbolik/Zweck: Symbolisierung des Löwen, Anrufung des Löwen

Wirkungsweise: Nachahmung eines Löwenkopfes

Herkunft: indischer Tempeltanz

b) Tō

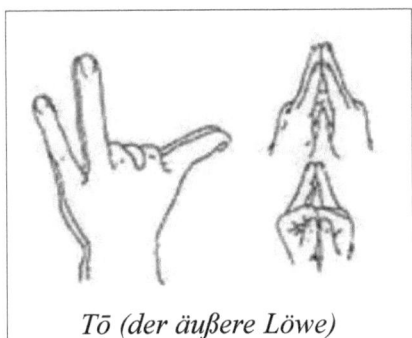

Tō (der äußere Löwe)

Beschreibung: Hände gefaltet, Daumen aneinander und abgespreizt, Ringfinger aneinander und abgespreizt, Kleiner Finger aneinander und abgespreizt

Symbolik/Zweck: Darstellung eines Löwen; (vermutlich auch Schutz und Stärke)

Wirkungsweise: Assoziation zu dem Löwen

Herkunft: China

Anmerkungen: Dieses Mudra stellt die zwei Löwen dar, die den Tempel bewachen. Dieses Motiv geht bis zu den beiden Panthern vor den Tempeln von Göbekli Tepe um 10.000 v.Chr. zurück.

167

c) Hirsch

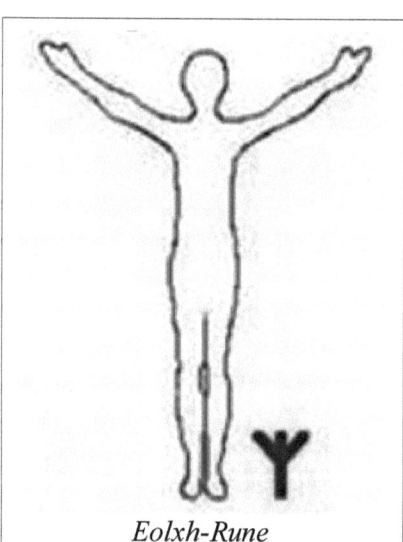

Mrigashirsha (Hirschkopf)

Beschreibung: Handfläche nach vorne, Kleiner Finger und Zeigefinger als „Hörner/Ohren" nach oben; Daumen, Mittelfinger und Ringfinger treffen sich vorne und bilden den „Kopf"

Symbolik/Zweck: Hinweis auf einen Hirsch, Anrufung des Hirsches u.ä.

Wirkungsweise: Darstellung eines Hirschkopfes

Herkunft: indischer Tempeltanz

d) Eolxh-Rune

Beschreibung: aufrecht, Arme seitwärts nach oben, Hände ausgestreckt, evtl. gespreizte Finger (Enden des Hirschgeweihs)

Symbolik/Zweck: ursprünglich: Elch, Hirsch; heute: Anrufung, Kelch, Empfangen, Urbild des Menschen

Wirkungsweise: Nachahmung der Form der Rune – Assoziation zu der Bedeutung der Rune

Herkunft: Deutschland/Österreich um ca. 1880

Anmerkungen: wird heute meistens anstelle der Man-Runde verwendet; Laut „e"; Name „eolxh" („Elch, Hirsch")

Eolxh-Rune

e) Eolxh-Mudra

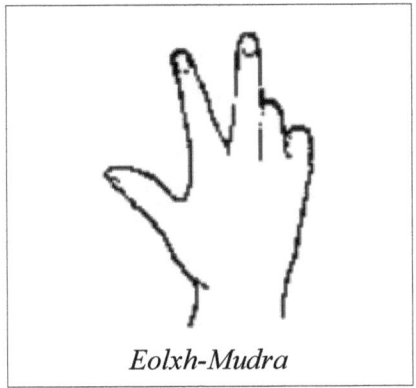

Eolxh-Mudra

Beschreibung: Daumen, Zeigefinger und Mittelfinger spreizen, die beiden anderen Finger einrollen

Symbolik/Zweck: Verstärkung der Eolxh-Rune

Wirkungsweise: Nachahmung der Form der Rune – Assoziation zu der Bedeutung der Rune.

Herkunft: Deutschland/Österreich um ca. 1880

Anmerkungen: wird heute meistens anstelle der Man-Runde verwendet; Laut „e"; Name „eolxh" („Elch, Hirsch")

f) Ehwaz-Rune

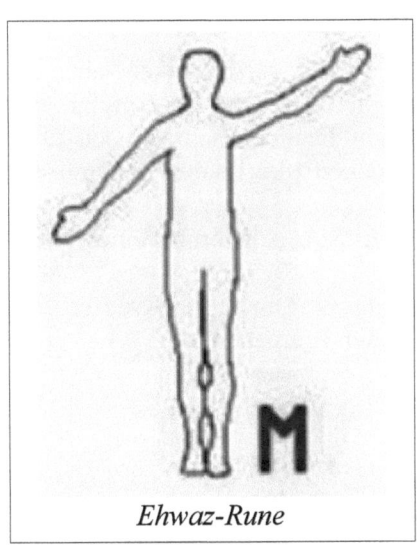

Ehwaz-Rune

Beschreibung: aufrecht stehen, linker Arm schräg nach oben außen, rechter Arm schräg nach unten außen

Symbolik/Zweck: Pferd; Liebeszauber

Wirkungsweise: Nachahmung der Form der Rune – Assoziation zu der Bedeutung der Rune

Herkunft: Deutschland/Österreich um ca. 1880

Anmerkungen: Laut „e"; Name „ehwaz" („Pferd"; lateinisch „equus")

g) Eber

Beschreibung: die rechte Hand liegt auf der linken Hand (Kopf des Ebers); Daumen und Kleiner Finger der rechten Hand liegen auf Daumen und Kleinem Finger der linken Hand (die beiden Hauer des Ebers)

Symbolik/Zweck: Symbolisierung eines Ebers; der Eber-Avatar des Vishnu; Anrufung des Vishnu-Varaha

Wirkungsweise: Darstellung eines Eberkopfes

Herkunft: indischer Tempeltanz

Varaha (Eber)

h) Krebs

Beschreibung: Finger verschränken, aber die Finger gerade ausstrecken (die acht Beine des Krebses), die beiden Daumen schräg nach oben zueinanderhin strecken (die beiden Scheren des Krebses)

Symbolik/Zweck: Symbolisierung eines Krebses

Wirkungsweise: Darstellung eines Krebses

Herkunft: indischer Tempeltanz

Karkata (Krebs)

170

i) Fisch

Beschreibung: die rechte Hand liegt auf der
linken Hand (Leib des Fisches), die Daumen sind
abgespreizt (Flossen)
Symbolik/Zweck: Symbolisierung eines Fi-
sches; der Fisch-Avatar des Vishnu; Anrufung des
Vishnu-Matsya
Wirkungsweise: Darstellung eines Fisches
Herkunft: indischer Tempeltanz

Matsya (Fisch)

j) Schlange

Beschreibung: Handfläche nach vorn, die Fin-
ger nach vorne gebogen wie der Hals und Kopf
einer Kobra, Daumen leicht eingewinkelt
Symbolik/Zweck: Symbolisierung einer
Schlange, Rufen der Kundalini
Wirkungsweise: Darstellung des Kopfes einer
Kobra
Herkunft: indischer Tempeltanz

Sarpashirsha (Schlangenkopf)

k) Naga

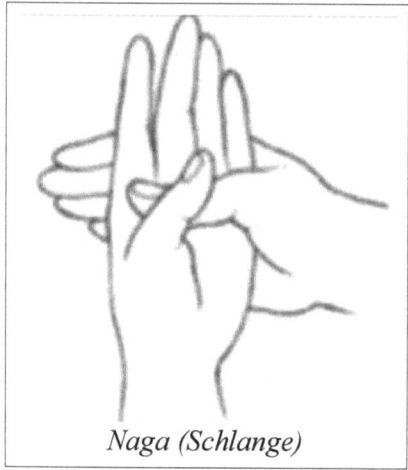

Naga (Schlange)

Beschreibung: die rechte Hand hinter der linken Hand, der rechte Daumen in der linken Handinnenfläche, der rechte Daumen unter dem linken Daumen

Symbolik/Zweck: Anrufung der Schlange der Weisheit; Lösungen im Alltag, in der Magie und bei spirituellen Fragen und Alltagsproblemen; fördert den Intellekt und die Weisheit; ruft die weisen Naga-Schlangen

Wirkungsweise: Verbindung der Handchakren = Ausrichtung der Lebenskraft; Kreuzen der Daumen = das Feuer erhält eine Form; beides zusammen ergibt eine feste Ausrichtung der Kraft

Herkunft: Yoga

Anmerkungen: Die „Schlange der Weisheit" findet sich auch in der Kabbala und ist auch mit der Kundalini identisch.

l) Taube

Kapota (Taube)

Beschreibung: Unterkante der Handflächen und Fingerspitzen lose zusammenlegen

Symbolik/Zweck: Symbolisierung einer Taube; (Seelenvogel?)

Wirkungsweise: Darstellung des gewölbten Körpers einer Taube

Herkunft: indischer Tempeltanz

m) Hahn

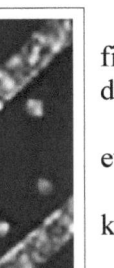

Beschreibung: Faust, Daumen vor dem Mittelfinger, Zeigefinger bildet einen Haken (Schnabel des Hahns)

Symbolik/Zweck: Symbolisierung eines Hahns, evtl. Wecken

Wirkungsweise: Darstellung eines Hahnenkopfes

Herkunft: indischer Tempeltanz

Tamrachuda (Hahn)

n) Pfau

Beschreibung: Handfläche nach vorne, Daumen und Ringfinger berühren sich vorne

Symbolik/Zweck: Das Mudra hat die Bedeutungen „Pfau, Stirn, Omen". Es ließe sich folglich z.B. im Zusammenhang mit dem Pfau als Krafttier oder mit der Bitte um ein Omen verwenden.

Wirkungsweise: vermutlich die Darstellung des Halses und Kopfes eines Pfaus (Daumen und Zeigefinger) sowie des Rades der Schwanzfedern eines Pfaus (die anderen drei Finger)

Herkunft: indischer Tempeltanz

Mayura (Pfau)

o) Adler

Adler-Arm (der linke Arm)

Beschreibung: den Oberarm waagerecht zur Seite, den Unterarm leicht nach vorne unten hin abwinkeln, die Finger sind wie die äußeren Flügelfedern des Adlers leicht gespreizt; die Schultern dürfen dabei nicht hochgezogen werden

Symbolik/Zweck: Ausdruck von Stolz; von den Adler-Arm-„Flügeln" auf dem Wind getragen werden; sich erheben, Tendenz zur Dominanz

Wirkungsweise: der gespannte Bogen der Arme stärkt das Halschakra und somit auch den ungehemmtem sozialen Selbstausdruck

Herkunft: Flamenco

Anmerkungen: Diese Armhaltung (auf dem Bild der linke Arm der Tänzerin) wird im Flamenco „Adler-Arme" genannt.

p) Garuda

Garuda (Vishnus Adler)

Beschreibung: beide Hände mit ausgestreckten Fingern mit der Handfläche zur Brust; die linke Hand auf der rechten; die beiden Daumen haken ineinander ein (Finger = Flügel; Daumen = Kopf)

Symbolik/Zweck: Symbolisierung des Garuda; Anrufung des Garuda

Wirkungsweise: Darstellung des Kopfes (Daumen) und der Flügel (Finger) des Adlers

Herkunft: indischer Tempeltanz

174

q) Vogel mit zwei Köpfen

Bherusa (mythologischer Vogel mit zwei Köpfen)

Beschreibung: beide Hände zur Faust zusammenlegen (Leib des Vogels), Daumen leicht angewinkelt nach oben (Brust des Vogels), Zeigefinger gebogen über die Daumenspitze (die beiden Köpfe des Vogels)

Symbolik/Zweck: Symbolisierung des zweiköpfigen Vogels, Vogel in zwei Welten (Diesseits und Jenseits), wiedergeborener Vogel, Seelenvogel

Wirkungsweise: Darstellung der beiden Köpfe (Daumen) und des Leibes (Finger) des zweiköpfigen Vogels

Herkunft: indischer Tempeltanz

r) Biene

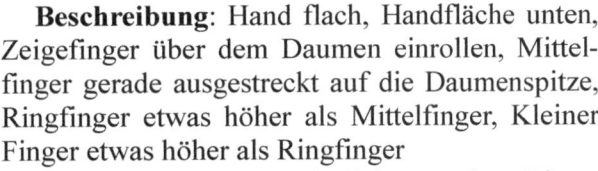

Bhramara (Biene)

Beschreibung: Hand flach, Handfläche unten, Zeigefinger über dem Daumen einrollen, Mittelfinger gerade ausgestreckt auf die Daumenspitze, Ringfinger etwas höher als Mittelfinger, Kleiner Finger etwas höher als Ringfinger

Symbolik/Zweck: Symbolisierung einer Biene, Honig, Met, Göttermet, die griechische Bienengöttin Melissa

Wirkungsweise: Darstellung der Biene – ist der Mittelfinger der Rüssel und der Ringfinger und der Kleine Finger ein Flügel?

Herkunft: indischer Tempeltanz

s)   Schildkröte

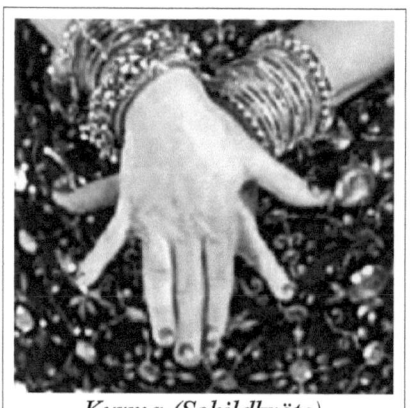

Kurma (Schildkröte)

Beschreibung: die rechte Hand liegt auf der linken Hand (Leib der Schildkröte); die Daumen und die Kleinen Finger sind abgespreizt (vier Beine der Schildkröte)

Symbolik/Zweck: Symbolisierung einer Schildkröte; der Schildkröten-Avatar des Vishnu; Anrufung des Vishnu-Kurma

Wirkungsweise: Darstellung der Schildkröte mit ihrem Leib (die sechs Finger in der Mitte) und ihren vier Beinen (Daumen und Kleine Finger)

Herkunft: indischer Tempeltanz

I Gottheiten

1. Ägypten

Diese Gesten, d.h. die speziellen Haltungen der ägyptischen Gottheiten sind von den ägyptischen Priestern und Magiern ihren Texten, Bildern und Statuen zufolge nicht als Magie-Haltung verwendet worden. Sie sind jedoch ausgesprochen hilfreich, wenn man die betreffende Gottheit invozieren, d.h. sich vorübergehend mit ihr identifizieren will.

a) Hathor

Hathor

Beschreibung: Darstellung der Hörnerkrone mithilfe der beiden Hände: Daumen mit der Daumennagel-Seite auf den Kopf legen, die Daumenkuppen treffen sich am Scheitel, die zweimal vier Finger ragen nach oben (Hörner), die Handflächen weisen zueinander

Symbolik/Zweck: Invokation der Hathor

Wirkungsweise: Darstellung der Hathor

Herkunft: Verwendung als Geste ist neu

Anmerkungen: Die Kuhgöttin Hathor ist die Mutter der Sonne, weshalb sie die Sonnenscheibe zwischen ihren Hörnern trägt. Der Name „Hathor" bedeutet „Haus des Horus" im Sinne von „Himmel, an dem Falkengottes Horus fliegt" und „Schoß der Göttin (Haus), der den Falken-Seelenvogel des Osiris gebiert".

177

b)   Isis als Ehefrau des Osiris

Isis, Babalon

Beschreibung: Arme im Bogen erhoben, Hände weisen nach innen; Beine gespreizt; Oberkörper leicht vorgebeugt; Gesicht und Blick weisen leicht nach oben (symbolisiert die Bereitschaft der Isis zum Sex mit Osiris)

Symbolik/Zweck: sexuelle Symbolik, Invokation der Isis

Wirkungsweise: Darstellung der Isis

Herkunft: Crowley; wird von ihm auch „Mulier" (Frau, Ehefrau), „Zeichen der Babalon" und „Haltung des Baphomet" genannt

c)   die klagende Isis

die klagende Isis

Beschreibung: rechter Arm angewinkelt und erhoben, linker Arm angewinkelt und nach unten, rechtes Bein angewinkelt und leicht nach hinten, Oberkörper leicht vorgebeugt; die Geste stellt auch die Swastika dar (das sich drehende Sonnenrad)

Symbolik/Zweck: Darstellung der klagenden Isis; Anrufung der Isis

Wirkungsweise: Darstellung der Isis

Herkunft: vermutlich Crowley, evtl. auch schon im Golden Dawn verwendet

Anmerkungen: Isis klagt um ihren Bruder-Gatten Osiris; diese Haltung ist ein Teil der Folge der LVX-Gesten (getöteter Osiris → Apophis → Isis → wiedergeborener Osiris)

d) die sich freuende Isis

Beschreibung: Kopf leicht nach vorne gebeugt, Blick nach unten; rechte Hand ergreift die linke Brustwarze; die linke Hand unter dem Sonnengeflecht; Geste des Haltens und des Stillens eines Kindes

Symbolik/Zweck: Anrufung von „Mutter Isis"

Wirkungsweise: Darstellung der Isis

Herkunft: Crowley; von ihm auch „Mater triumphant" (siegreiche Mutter) und „Isis mit Horus(-kind)" genannt und dem Grad von Binah zugeordnet

Anmerkungen: Bei den ägyptischen Statuen sitzt Horus auf dem Schoß der sitzenden Isis und Isis blickt nach vorn und nicht auf Horus.

Die „Freude" in dem Namen dieser Haltung bezieht sich auf die Wiedergeburt des Osiris als der Falkengott Horus (der Seelenvogel des Osiris).

die sich freuende Isis

e) Sachmet

Beschreibung: Sphinx-Pranken: Oberarme nach unten, Unterarme nach vorne, die Handflächen nach unten, die Finger zu „Krallen" gebogen

Symbolik/Zweck: Invokation der Sachmet

Wirkungsweise: Darstellung der Sachmet

Herkunft: Verwendung als Geste ist neu

Anmerkungen: Sachmet ist die Löwengöttin. Sie ist u.a. die Verkörperung der Kraft der Sonne, deren Scheibe sie auf ihrem Haupt trägt.

Sachmet

179

f) Ma'at

Ma'at

Beschreibung: Geste des Schützens: beide Arme seitlich nach vorne hin ausstrecken ähnlich wie bei einer Umarmung (dabei die Flügel an den Armen imaginieren)

Symbolik/Zweck: Invokation der Ma'at

Wirkungsweise: Darstellung der Ma'at

Herkunft: Verwendung als Geste ist neu

Anmerkungen: Diese Geste gibt es auch bei Isis und Nephthys, wenn sie Osiris beschützen. Die Göttin Ma'at beschützt entweder den Sonnengott Re oder Osiris. Ma'at ist die Göttin der Richtigkeit.

g) Seshat

Seshat

Beschreibung: Zählen und Festlegen der Lebensjahre eines Menschen: mit der linken Hand einen (imaginierten) Jahresstab vor sich halten, mit der rechten Hand einen kleinen Stab halten, mit dem man die Kerben, die die einzelnen Jahre darstellen, zählt

Symbolik/Zweck: Invokation der Seshat

Wirkungsweise: Darstellung der Seshat

Herkunft: Verwendung als Geste ist neu

Anmerkungen: Seshat war die Göttin der Zeitrechnung, der Bestimmung des Todestages, des Rechnens, der Geometrie, der Landvermessung u.ä.

h)   der getötete Osiris

der getötete Osiris

Beschreibung: Kreuzigungs-Haltung

Symbolik/Zweck: Identifikation mit dem von seinem Bruder Seth getöteten Osiris

Wirkungsweise: Darstellung des Osiris

Herkunft: Golden Dawn; Nachahmung von Christi Kreuzigung

Anmerkungen: Teil der Folge der LVX-Gesten (getöteter Osiris → Apophis → Isis → wiedergeborener Osiris)

i)   der wiedergeborene Osiris

der wiedergeborene Osiris

Beschreibung: Haltung des wiedergeborenen Osiris – aufrecht stehen, die Arme vor der Brust gekreuzt (er hält in der rechten Hand einen Hirtenstab und in der linken Hand einen Dreschflegel – die beiden Symbole der Viehzucht und des Ackerbaus)

Symbolik/Zweck: Anrufung des Osiris, Invokation des Osiris

Wirkungsweise: Darstellung des Osiris

Herkunft: Golden Dawn

Anmerkungen: Teil der Folge der LVX-Gesten (getöteter Osiris → Apophis → Isis → wiedergeborener Osiris)

j) Horus

Horus als Jüngling

Beschreibung: rechter Oberarm zur Seite, Unterarm nach oben, Faust geballt, Daumen zeigt zum Kopf; die linke Hand ist geballt vor den Genitalien, der Daumen zeigt nach vorn (Penis)

Symbolik/Zweck: Anrufung des Horus, sexuelle Symbolik

Wirkungsweise: Darstellung des Horus

Herkunft: Crowley; wird von ihm auch „Puer" (Jüngling), „Khem" und „Mentu" genannt

k) Horus das Kind

Harpokrates (Horus das Kind)

Beschreibung: Füße im rechten Winkel zueinander; die Spitze des rechten Zeigefingers berührt die Unterlippe (eigentlich die Geste des Daumenlutschens; hier als Geste des Schweigens angesehen); der linke Arm hänge lose herab

Symbolik/Zweck: Schweigen, sich besinnen, sich verbergen, zuhören

Wirkungsweise: Darstellung des Horus

Herkunft: Golden Dawn

Anmerkungen: wird dem Zelator-Grad (Neuling) zugeordnet

l) der eintretende Horus

der eintretende Horus

Beschreibung: linker Fuß vor dem rechten, vornübergebeugt, mit den ausgestreckten Armen nach etwas greifen

Symbolik/Zweck: Symbol des Strebens und Eintretens

Wirkungsweise: Darstellung des Horus

Herkunft: Golden Dawn

Anmerkungen: wird im Golden Dawn dem Zelator-Grad (Neuling) zugeordnet

m) der kämpfende Seth

der kämpfende Seth

Beschreibung: rechter Fuß leicht vorgesetzt; rechter Arm schräg nach vorne oben rechts; linker Arm schräg nach hinten unten links

Symbolik/Zweck: Invokation des Seth

Wirkungsweise: Darstellung des Seth

Herkunft: Crowley

Anmerkungen: Seth ist der Gott der Wüste, der Bruder der des Osiris, der der Gott des fruchtbaren Ackerlandes im Niltal ist. Seine Frau ist Nephthys. Osiris, Isis, Seth und Nephthys sind Vierlinge.

n) Apophis

Beschreibung: die Arme im 60°-Winkel über den Kopf erheben, Handflächen nach vorn; die Füße mit leichtem Abstand; auf den Fußballen stehen; Kopf in den Nacken legen und nach oben schauen

Symbolik/Zweck: Anrufung des Apophis

Wirkungsweise: Darstellung des Apophis

Herkunft: Golden Dawn

Anmerkungen: stellt Typhon, Apophis und auch den Dreizack dar

Typhon, Apophis

o) Shu

Beschreibung: aufrecht stehen; die Füße im rechten Winkel; die Oberarme zur Seite, die Unterarme nach oben, die Handflächen nach oben

Symbolik/Zweck: Anrufung des Shu

Wirkungsweise: Darstellung des Shu

Herkunft: Golden Dawn (?)

Anmerkungen: Der Luftgott Shu steht auf seinem Vater, dem Erdgott Geb, und trägt seine Mutter, die Himmelsgöttin Nut.

Shu

p) Min

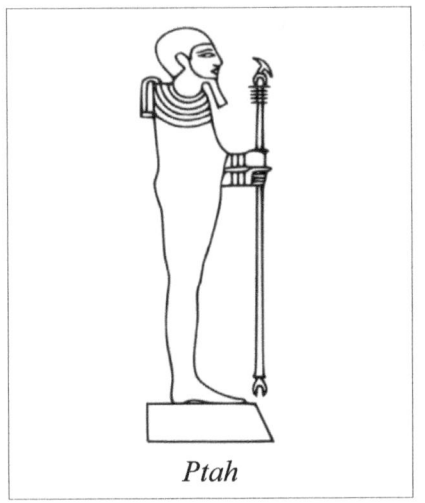

Min

Beschreibung: rechter Oberarm waagerecht zur Seite, rechter Unterarm nach oben, die rechte Hand hält einen (imaginierten) Dreschflegel; die linke Hand umfaßt den erigierten Penis

Symbolik/Zweck: Invokation des Min

Wirkungsweise: Darstellung des Min

Herkunft: Verwendung als Geste ist neu (entspricht weitgehend Crowleys Horus-Geste – siehe Geste „j" in diesem Kapitel)

Anmerkungen: Min war der Gott der Zeugungskraft (Penis; Vermehrung des Viehs) und der reichen Ernten (Dreschflegel). Dieselbe Symbolik findet sich bei Osiris, der einen Dreschflegel (reiche Ernten) und einen Krummstab (Hirtenstab für die Viehhaltung) in seinen Händen hält.

q) Ptah

Ptah

Beschreibung: aufrecht, Oberarme nach unten, Unterarme nach vorn, mit beiden Händen einen (imaginierten) Stab halten, die rechte Hand liegt über der linken Hand

Symbolik/Zweck: Invokation des Ptah

Wirkungsweise: Darstellung des Ptah

Herkunft: ägyptische Hieroglyphe; Verwendung als Geste ist neu

r) Thot

Thot

Beschreibung: Geste des Schreibens
Symbolik/Zweck: Invokation des Thot
Wirkungsweise: Darstellung des Thot
Herkunft: ägyptische Hieroglyphe; Verwendung als Geste ist neu
Anmerkungen: Der Ibisgott Thot ist der Gott der Weisheit, der Worte, des Schreibens und der Zeitrechnung. Der Mond und die Sonne auf seinem Kopf stellen die beiden wichtigsten Zeit-Zyklen dar: Sonnen-Jahr und Mond-Monat.

s) Anubis

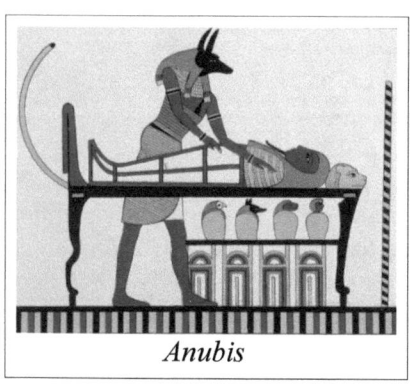

Anubis

Beschreibung: Mumifizierungs-Geste: beide leicht angewinkelten Arme nach vorne unten halten, als ob man etwas wickeln oder richten würde
Symbolik/Zweck: Invokation des Anubis
Wirkungsweise: Darstellung des Anubis
Herkunft: Verwendung als Geste ist neu
Anmerkungen: Anubis ist der Jenseitsführer und der Gott der Einbalsamierungs-Priester, die bei der Bestattung eine Anubis-Maske trugen.

186

2. Griechen

a) Pan

Pan

Beschreibung: aufrecht stehen; Fäuste seitlich am Kopf, den Daumen nach außen („Hörner" am Kopf)
Symbolik/Zweck: Invokation des Pan
Wirkungsweise: Darstellung des Pan
Herkunft: Crowley; auch als „Vir" (Mann); „Pater" (Vater), Amoun und Bacchus bezeichnet

b) Apollon

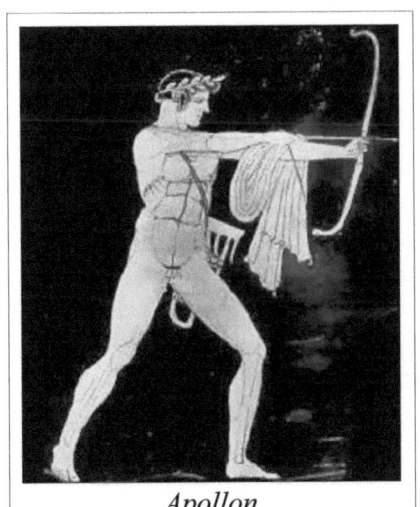

Apollon

Beschreibung: linkes Bein vorn, rechtes Bein hinten, Geste des Bogenspannens
Symbolik/Zweck: Invokation des Apollon
Wirkungsweise: Darstellung des Apollon
Herkunft: neu

3. Hindhuismus

a) Schoß

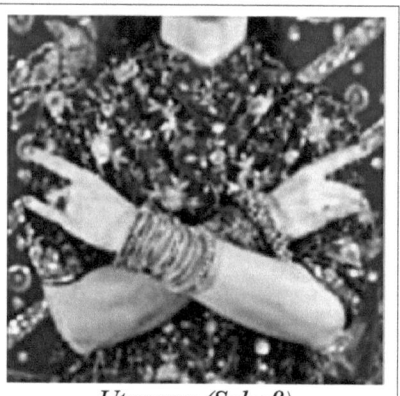

Utsanga (Schoß)

Beschreibung: an beiden Händen den Zeige-finger und den Kleinen Finger gerade ausstrecken, den Mittelfinger und den Ringfinger im rechten Winkel zu den anderen beiden Fingern über den abgewinkelten Daumen legen; beide Arme so kreuzen, daß die Hände vor den Oberarmen sind
Symbolik/Zweck: Symbolisierung des Schoßes, Frau, Göttin, Shakti, Fruchtbarkeit
Wirkungsweise: vermutlich hauptsächlich durch die Symbolik, die allen Tänzern und Zu-schauern bekannt ist; die Geste ist zugleich be-wahrend (Arme kreuzen) und strahlend (Finger-haltung)
Herkunft: indischer Tempeltanz

b) Penis

Shivalinga (Shivas Penis)

Beschreibung: linke Hand flach mit der Hand-fläche nach oben, rechte Hand zu Faust geballt, sie liegt in der linken Hand, der rechte Daumen (Penis) weist nach oben
Symbolik/Zweck: Symbolisierung des Penis, Mann, Gott, Shiva, Zeugungskraft
Wirkungsweise: Symbolisierung des Penis durch den rechten Daumen, auf den auch die Lebenskraft der linken Hand durch deren Hand-chakra geleitet wird; die linke Hand gibt der rech-ten Hand und somit auch dem Penis zusätzlich noch Fundament, Ruhe und Gelassenheit
Herkunft: indischer Tempeltanz

c) Lingam

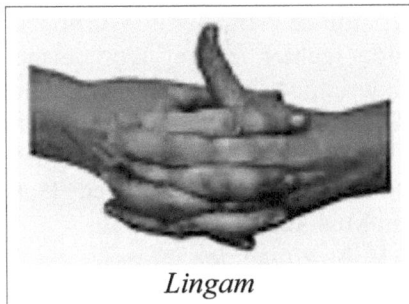

Lingam

Beschreibung: Hände so falten, daß die beiden Daumen aneinander liegen, dann den Daumen der linken Hand nach oben richten

Symbolik/Zweck: Symbolisierung eines Penis; stärkt das Imunsystem

Wirkungsweise: Assoziation, die Lebenskraft wird in den linken Daumen (Feuer = Kundalini) geleitet

Herkunft: Yoga

Anmerkungen: wird oft mit Shiva assoziiert

d) Usha

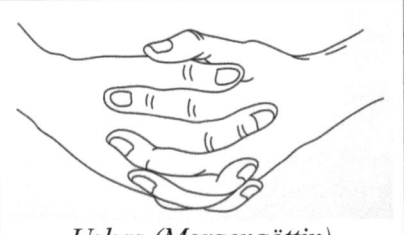

Ushas (Morgengöttin)

Beschreibung: Hände gefaltet

Symbolik/Zweck: Anrufung der Morgenrot-Göttin und Sonnenmutter Ushas; hilft morgens wach zu werden, bewahrt die Lebenskraft, stärkt das Hara

Wirkungsweise: Sammlung, Konzentration

Herkunft: Yoga

Anmerkungen: Göttin der Morgenröte

e) Parvati

Parvati

Beschreibung: rechte Hand mit der Handfläche nach vorn; linke Hand mit gebender Geste

Symbolik/Zweck: Anrufung der Parvati

Wirkungsweise: Geste der Hände; rechte Hand = Furchtlosigkeit; linke Hand = Freigiebigkeit

Herkunft: Indien

Anmerkungen: Parvati ist die Göttin der Lebenskraft und der Kreativität, die Frau des Shiva und die Mutter des Elefantengottes Ganesha

189

f) Sarasvati

Sarasvati

Beschreibung: linker Arm seitlich erhoben, festhaltende Geste; rechter Zeigefinger ausgestreckt, Mittelfingerkuppe auf Daumenkuppe, Ringfinger und Kleiner Finger eingerollt; Geste des Spielens der Vina mit einem Plektrum in der rechten Hand und der linken Hand auf dem Hals des Sitar-ähnlichen Musikinstruments

Symbolik/Zweck: Anrufung der Sarasvati

Wirkungsweise: Einnehmen der typischen Haltung der Sarasvati beim Vina-Spiel

Herkunft: Indien

Anmerkungen: Sarasvati ist die Göttin der Weisheit, der Kreativität und der Künste. Sie ist die Frau von Brahma, die Vina-Spielerin und die „Herrin der Welt".

g) Durga

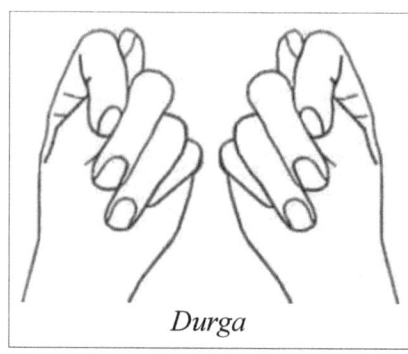

Durga

Beschreibung: beide Hände als Faust; der Daumen ragt jeweils zwischen Zeigefinger und Mittelfinger nach oben hin heraus

Symbolik/Zweck: Anrufung der Durga; gibt Mut, Kraft, Entschlossenheit und Initiative; die Dinge endlich in die eigene Hand nehmen

Wirkungsweise: Assoziation zu Durga; fester Halt des Feuers der Daumen zwischen Zeigefinger (Luft = Beweglichkeit im Finden eines Weges) und dem Licht des Mittelfingers (Licht = Selbsterkenntnis)

Herkunft: Yoga

Anmerkungen: Durga ist die vollkommene Göttin, die starke Göttin und Shakti, die Urform der Lebenskraft.

h) Kali

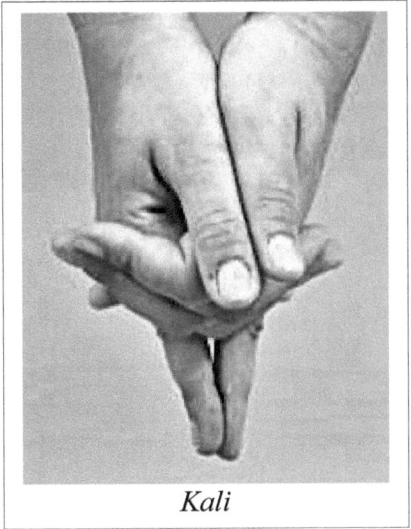

Kali

Beschreibung: Händefalten (der rechte Kleine Finger ist der unterste Finger), Daumen vor den beiden Zeigefingern nebeneinanderlegen, die beiden Ringfinger ausstrecken und mit den Fingerkuppen aneinander

Symbolik/Zweck: Anrufung der Kali, Erdung

Wirkungsweise: traditionelle Geste; evtl. weist die Erde der beiden Ringfinger auf die Erde des Grabes hin – aber das ist recht unwahrscheinlich

Herkunft: Yoga

Anmerkungen: Kali ist die Göttin der Zeit, die gefürchtete Göttin von allem Dunklem und Vergänglichem.

i) Jin

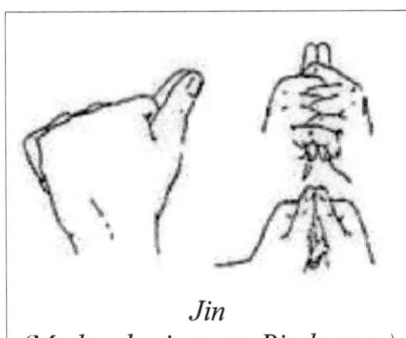

Jin
(Mudra der inneren Bindungen)

Beschreibung: Hände falten, aber die Finger liegen in der Handfläche und nicht auf dem Handrücken; die beiden Daumen liegen nebeneinander und ragen nach außen

Symbolik/Zweck: Anrufung des Feuergottes Agni

Wirkungsweise: alle Finger-Lebenskraft wird zwischen den beiden Händen gesammelt und das Feuer der beiden Daumen strahlt nach außen

Herkunft: China, Ursprung in Indien

j) Surya

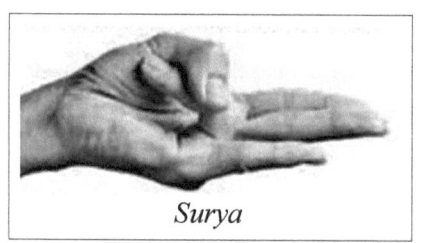

Surya

Beschreibung: linke Hand, Ringfingerkuppe auf Daumenballen, Daumen auf mittleres Ringfingerglied, die anderen Finger ausgestreckt

Symbolik/Zweck: hilft beim Abnehmen und bei der Entspannung; Anrufung der Sonne

Wirkungsweise: das Feuer des Daumens ist über der Erde des Ringfingers = die Sonne ist über dem Horizont

Herkunft: Yoga

k) Varuna

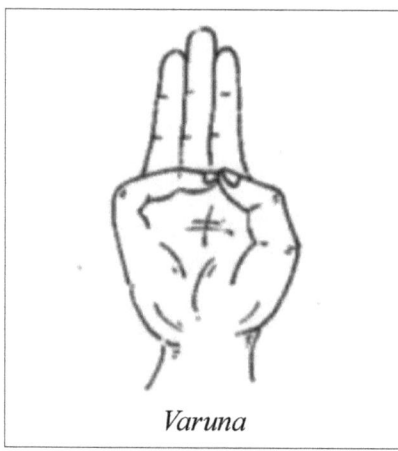

Varuna

Beschreibung: Hand erhoben, Finger ausgestreckt, die Kuppe des Daumens und die Kuppe des Kleinen Fingers berühren einander

Symbolik/Zweck: Fördert die Ausscheidung, Reinigung, entspannt vor allem Wut und Ängste; Anrufung des Varuna

Wirkungsweise: das Feuer des Daumens stärkt und aktiviert das Wasser des Kleinen Fingers

Herkunft: Yoga

Anmerkungen: Varuna ist im Rig-Veda der Sonnen-, Himmels-, Regen- und Königsgott.

Diese Geste ist auch der Pfadfinder-Gruß.

l) Indra

Für Indra wird dasselbe Mudra wie für Varuna verwendet (siehe voriges Mudra). Dies ist insofern plausibel, als das Varuna der Wassergott ist und Indra den Regen befreit.

m) Brahma

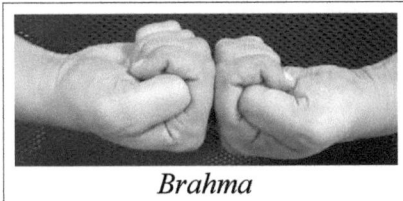

Brahma

Beschreibung: beide Hände zu Fäuste ballen, den Daumen im Faustinneren, Fäuste mit den unteren Fingergliedern aneinanderlegen
Symbolik/Zweck: Anrufung des Brahma
Wirkungsweise: Konzentration der Kraft in der Faust; das Feuer der Daumen wärmt und aktiviert die anderen vier Elemente „von innen her"
Herkunft: Indien

n) Vishnu

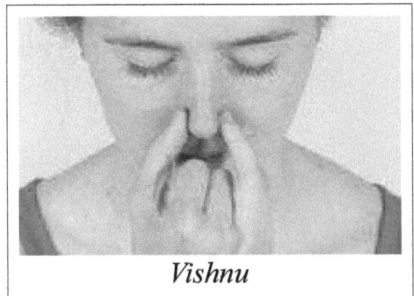

Vishnu

Beschreibung: Zeigefinger und Mittelfinger um den abgewinkelten Daumen einrollen, Zeigefinger und Kleiner Finger links und rechts an die Nasenflügel
Symbolik/Zweck: Anrufung des Vishnu; fördert Friedfertigkeit, Ruhe, Erhaltung und Beständigkeit
Wirkungsweise: das Wasser des Kleinen Fingers macht friedlich, die Luft des Zeigefingers macht beweglich; beide regen die Lebenskraft in der Nase zu einem friedlichen (Wasser), beweglichen (Luft) Fließen an – wobei die Nase im Gesicht die Genitalien und somit das Wurzelchakra repräsentiert; daher ergibt sich aus der Kombination eine „friedlich gelenkte Kraft", was dem Wesen des Vishnu entspricht
Herkunft: Indien
Anmerkungen: zu den Tier-Avataren des Vishnu siehe die Tier-Gesten

o) Rudra

Rudra

Beschreibung: Daumenkuppe berührt Zeigefingerkuppe, Mittelfinger neben Zeigefinger, Ringfinger und Kleiner Finger leicht gekrümmt ausgestreckt

Symbolik/Zweck: stärkt die Verbindung zum Erdelement, beruhigt, fokussiert, verhindert den Verlust von Lebenskraft, mit dem Wurzelchakra verbunden

Wirkungsweise: Das Feuer des Daumens stärkt die Luft des Zeigefingers und das Licht des Mittelfingers – das Feuer kann durch das Licht geleitet geschickte Wege (Luft) gehen; Rudra ist ursprünglich vermutlich ein Schamanengott oder ein allgemeiner Jenseitsreisegott gewesen

Herkunft: Yoga

Anmerkungen: Rudra („Roter") ist der Gott der Wildnis und ein Vorläufer von Shiva.

p) Shiva

*Shiva naradja
(Shiva der Tänzer)*

Beschreibung: auf dem rechten Bein stehen, das leicht angewinkelt ist; das linke Bein anwinkeln, heben und mit der Fußsohle vor dem Knie nach rechts weisen; den linken Arm nach vorne unten und leicht nach rechts, die Handfläche nach unten rechts; den rechten Oberarm seitlich nach unten vorne, den rechten Unterarm wieder nach oben vorne; die Handfläche weist nach vorne, die Finger weisen nach oben (diese Haltung ist zunächst nicht ganz einfach einzunehmen, aber sehr markant und wirkungsvoll – und wenn man sie einmal verstanden und eingenommen hat, dann ist sie doch recht einfach)

Symbolik/Zweck: Anrufung des tanzenden Shiva

Wirkungsweise: Darstellung des Shiva

Herkunft: Indien

q) Shivalinga

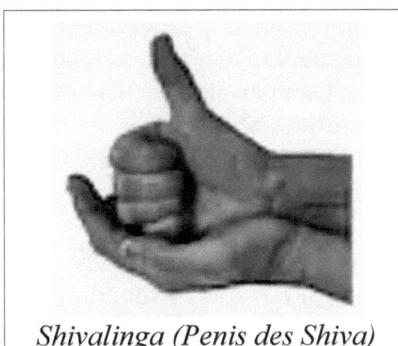

Shivalinga (Penis des Shiva)

Beschreibung: linke Hand mit dem Handrücken nach unten wie eine Schale halten; rechte Hand geballt in die linke Hand legen, rechter Daumen nach oben (ruhende, gut bewahrte Kraft)

Symbolik/Zweck: Stärke, Erneuerung; gegen Erschöpfung, Überarbeitung, Burnout; Anrufung der Kraft des Shiva

Wirkungsweise: die linke Hand gibt der rechten halt, die rechte Hand leitet alle Lebenskraft in den Daumen, der den Penis des Shiva symbolisiert

Herkunft: Yoga

r) Dreizack

Trishula (Dreizack)

Beschreibung: Handfläche nach vorn, Finger spreizen, Daumen und Kleinen Finger vorne zusammen legen

Symbolik/Zweck: Dreizack, Symbol des Shiva; auch Symbol des Poseidon und des Neptun

Wirkungsweise: Darstellung des Dreizacks durch die drei erhobenen Finger

Herkunft: indischer Tempeltanz

s) Karana

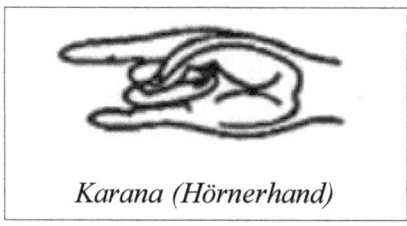

Karana (Hörnerhand)

Beschreibung: „Hörnerhand"; Zeigefinger und Kleiner Finger ausgestreckt, die anderen beiden Finger eingerollt, der Daumen neben dem Zeigefinger und dem eingerollten Mittelfinger

Symbolik/Zweck: in Indien und Tibet die Geste des Totengottes Yama; in Tibet auch die Geste der blauen Tara

Wirkungsweise: Darstellung der Hörner: weltweite Symbolik des Herdentieres, das für den Toten geopfert wurde, um dem Toten die Zeugungskraft des Herdentieres zu übertragen, damit der Tote sich im Jenseits erfolgreich mit der Jenseitsgöttin wiederzeugen konnte

Herkunft: Yoga

t) Krishna

Krishna

Beschreibung: die Hände spielen auf einer imaginären Querflöte

Symbolik/Zweck: Anrufung des Krishna

Wirkungsweise: Darstellung des Krishna

Herkunft: neu

u) Ganesha

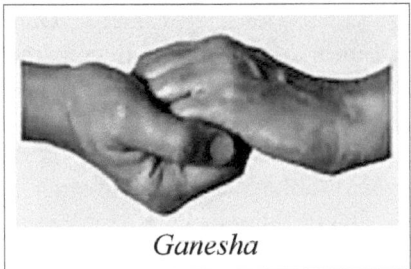

Ganesha

Beschreibung: die linke Faust liegt in der rechten Faust

Symbolik/Zweck: Hindernisse überwinden, Neues beginnen, Vertrauen fördern; mit dem Herzchakra verbunden; erhöht den Blutdruck und die Dynamik; klare Ausrichtung auf ein Ziel, Kraft aussenden

Wirkungsweise: Bündelung der Kraft beider Hände

Herkunft: Yoga

Anmerkungen: Ganesha ist der Elefantengott. Die beiden Fäuste stellen die Kraft des Elefanten dar.

v) Skanda

Skanda

Beschreibung: aufrecht; linker Arm angewinkelt, linke Hand auf der Hüfte; rechter Arm angewinkelt, rechte Hand mit der Handfläche nach vorne (ähnelt der Thorn-Rune)

Symbolik/Zweck: Anrufung des Kriegsgottes Skanda

Wirkungsweise: die linke Hand stärkt das Hara und somit die Standfestigkeit, die rechte Hand zeigt die Geste der Furchtlosigkeit

Herkunft: Indien

w) Kubera

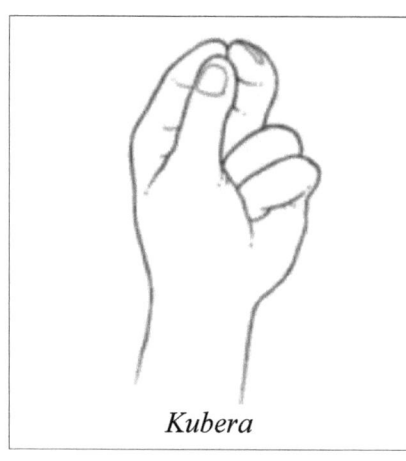

Kubera

Beschreibung: Geste des Geldzählens: Daumen, Zeigefinger und Mittelfinger liegen mit ihren Kuppen zusammen; Ringfinger und Kleiner Finger eingerollt

Symbolik/Zweck: das Gesuchte finden; Fortschritt; Anrufung des Wohlstandgottes Kubera

Wirkungsweise: Darstellung des Geldzählens

Herkunft: Yoga

Anmerkungen: Kubera ist der Gott des Wohlstandes, des Reichtums, der Händler und der Kaufleute – er hat also einen Jupiter-Charakter.

4. Die fünf Dhyani Buddhas

a) Buddha Amitabha (der erste Dhyani-Buddha)

Buddha Amitabha

Beschreibung: Lotussitz; linke Hand im Schoß, Handfläche nach oben; rechte Hand in der linken Hand, Handfläche oben

Symbolik/Zweck: Stille, Betrachtung, Erkenntnis, Meditation

Wirkungsweise: Identifizierung mit Buddha Amitabha

Herkunft: Buddhismus

Anmerkungen: Das ist der erste Schritt in Buddhas Biographie: Erkenntnis des eigenen Wesens und des Wesens der Welt – die Erkenntnis der allem zugrundeliegenden Einheit oder Nicht-Geformtheit (Nirvana).

b) Dhyana

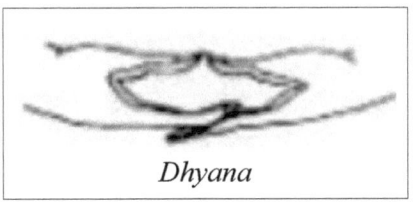

Dhyana

Beschreibung: Geste des Buddha Amitabha
Symbolik/Zweck: Meditation
Herkunft: Buddhismus

c)   Zen

Zen (die verborgene Form)

Beschreibung: die rechte Hand umfaßt die linke Faust

Symbolik/Zweck: Anrufung des Buddha Manjushri, der alle Illusionen auflöst

Wirkungsweise: die Stärke der rechten Hand schützt die Weisheit der linken Hand

Herkunft: Indien, China

Anmerkungen: Diese Buddha-Form ist ein Aspekt des Buddhas Amitabha (1. Dhyani-Buddha), der während der Meditation alle falschen Vorstellungen auflöst.

d) Buddha Amoghasiddhi (der zweite Dhyani-Buddha)

Buddha Amoghasiddhi

Beschreibung: Lotussitz; linke Hand im Schoß, Handfläche nach oben; rechte Hand vor der rechten Seite der Brust, Handfläche nach vorn

Symbolik/Zweck: Furchtlosigkeit

Wirkungsweise: Identifizierung mit Buddha Amoghasiddhi

Herkunft: Buddhismus

Anmerkungen: Durch die Erkenntnis der Einheit der Welt als Buddha Amitabha hat Buddha Amoghasiddhi alle Furcht verloren, da er erkannt hat, daß er immer teil der Einheit bleiben wird, auch wenn sich seine äußere Form verändern wird.

e) Abhaya

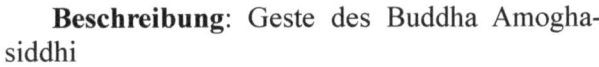

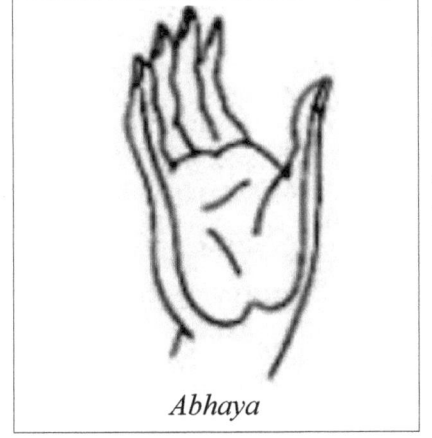

Abhaya

Beschreibung: Geste des Buddha Amoghasiddhi

Symbolik/Zweck: Sicherheit, Furchtlosigkeit, innerer Halt

Wirkungsweise: Buddha hat mit dieser Geste einmal einen wütenden Elephanten beruhigt, der ihn angreifen wollte.

Herkunft: Buddhismus

f) „Das Meer zurückweisen"

„das Meer zurückweisen"

Beschreibung: das Abhaya-Mudra (das vorige Mudra) mit beiden Händen ausführen

Symbolik/Zweck: etwas aufhalten – das Meer (wie Moses im Roten Meer) oder zwei kämpfende Parteien von Verwandten (im Gegensatz zu Krishna, der Arjuna rät, den Kampf zu akzeptieren)

Wirkungsweise: Identifizierung mit Buddha Amoghasiddhi

Herkunft: Buddhismus

Anmerkungen: Dieses Mudra gehört zu Buddha Amoghasiddhi, da es die Verdoppelung seiner Geste ist.

g) Buddha Avalokiteshvara

Buddha Avalokiteshvara

Beschreibung: Lotussitz, beide Hände vor dem Herzchakra mit den Handflächen aneinander gelegt

Symbolik/Zweck: Anrufung des Buddhas Avalokiteshvara; Wecken des Mitgefühls für alle lebenden Wesen

Wirkungsweise: Betonung des Herzchakras

Name: Dieser Buddha heißt in Tibet „Chenresig" und in China „Yin Bo Sei".

Herkunft: Buddhismus

Anmerkungen: In Bezug auf die fünf Dhyani-Buddha steht Buddha Avalokiteshvara zwischen Buddha Amoghasiddhi (2. Dhyani-Buddha: der Furchtlose) und Buddha Aksobhya (3. Dhyani-Buddha: Entschluß, allen Wesen zu helfen). Nachdem Buddha die Illusion jeglicher Trennung erkannt hatte (Amitabha), wurde er zunächst furchtlos (Amoghasiddhi) und erkannte dann, daß er selber am glücklichsten sein würde, wenn alle fühlenden Wesen glücklich sein würden – schließlich war er nicht von allen anderen Wesen getrennt. Daraus entstand das umfassende Mitgefühl des Buddha Avalokiteshvara, das (wie der Dalai Lama so schön sagt) zugleich auch der größtmögliche Egoismus ist. Darauf folgt dann der Entschluß allen Wesen zu helfen, ebenfalls die Erleuchtung zu erlangen (Aksobhya).

h) Manidhara

Manidhara

Beschreibung: Mudra des Buddha Avolikeshvara (vor dem Herzchakra zusammengelegte Hände)

Symbolik/Zweck: Verinnerlichung, Mitgefühl, die Liebe des Herzchakras

Wirkungsweise: Konzentration auf das Herzchakra; Identifizierung mit Buddha Avalokeshvara

Herkunft: Yoga

Anmerkungen: Der Name „Manidhara" bedeutet „den Juwel halten".

i) Buddha Aksobhya (der dritte Dhyani-Buddha)

Buddha Aksobhya

Beschreibung: Lotussitz; linke Hand im Schoß, Handfläche oben; rechte Hand mit der Handfläche auf dem rechten Schienbein, die Spitze des rechten Mittelfingers berührt die Erde

Symbolik/Zweck: die Erde zum Zeugen anrufen; die Erleuchtung erden, etwas erden; Buddhas Erkenntnis, daß alle Menschen und Dinge letztlich eine Einheit sind, führt ihn dazu, seine Erleuchtung mit allen teilen zu wollen, sie allen Menschen zugänglich zu machen, und so diese Erleuchtung in einem umfassenderen Sinn zu „erden"

Wirkungsweise: Identifizierung mit Buddha Aksobhya

Herkunft: Buddhismus

j) Bhumisparsa

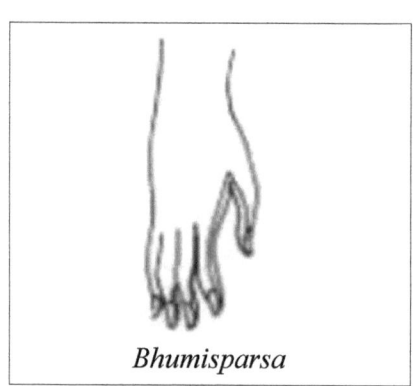

Bhumisparsa

Beschreibung: Geste des Buddha Aksobhya

Symbolik/Zweck: die Erde als Zeugen anrufen; etwas erden

Herkunft: Buddhismus

k)   Buddha Vairocana   (der vierte Dhyani-Buddha)

Buddha Vairocana

Beschreibung: Lotussitz; beide Daumenkuppen berühren die Zeigefingerkuppen der jeweiligen Hand und formen einen Kreis, die anderen Finger sind lose ausgestreckt; die rechte Hand ist vor dem Herzchakra, Handfläche vorn; die linke Hand ist vor der rechten Hand, Handrücken nach vorn; alle vier Spitzen der Daumen und Zeigefinger berühren sich (Geste der Darlegung)

Symbolik/Zweck: Verkünden der Lehre, Darlegung, Erklärung, Lehren, Erläutern

Wirkungsweise: Identifizierung mit Buddha Vairocana

Herkunft: Buddhismus

l) Vitarka

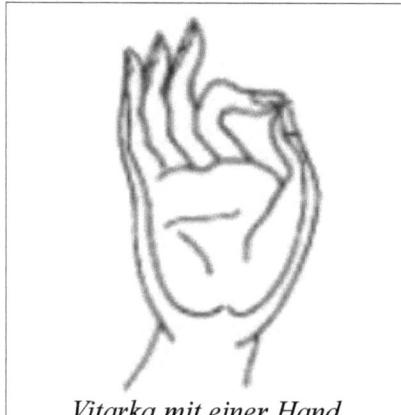

Vitarka mit beiden Händen

Vitarka mit einer Hand

Beschreibung: die Finger beider Hände leicht gebogen und gespreizt, Daumenkuppe und Zeigefingerkuppe berühren sich, die Kuppen von Daumen und Zeigefinger der einen Hand berühren die Kuppen von Daumen und Zeigefinger der anderen Hand, Daumen und Zeigefinger bilden einen Kreis, die anderen drei Finger abgespreizt – der Kleine Finger ist am weitesten abgespreizt (als würden Daumen und Zeigefinger etwas Kleines sorgfältig ergreifen)

Symbolik/Zweck: erklären, predigen, vortragen, lehren, Belehrung, Erläuterung; entspannt, klärt, schafft innere Harmonie durch Erkenntnis; Förderung der Genauigkeit

Wirkungsweise: Identifizierung mit Buddha Vairocana

Name: Dieses Mudra wird auch „Chin" genannt.

Herkunft: Buddhismus

Anmerkungen: Mudra von Buddha Vairocana, Gautama Buddha und Buddha Maitreya. Von dieser Geste gibt es in Bezug darauf, wie die eine Hand die andere berührt, etliche verschiedene Versionen.

m) Kataka

Kataka

Beschreibung: linke Hand; wie die vorige Geste (Vitarka), jedoch mit eingerollten Fingern

Symbolik/Zweck: eine Blüte halten; Vorsicht, Sorgfalt, Einfühlungsvermögen

Wirkungsweise: Geste der Sorgfalt und Vorsicht

Herkunft: Buddhismus

Anmerkungen: Diese Geste ist dem Vitarka-Mudra sehr ähnlich und ist lediglich etwas introvertierter das Vitarka-Mudra.

n) Kartari

Beschreibung: Finger ausgestreckt, Daumen-kuppe und Ringfingerkuppe berühren sich

Symbolik/Zweck: sinnvoller Umgang mit Zwietracht und Streit

Wirkungsweise: das Feuer des Daumens in der Erde des Ringfingers erden = sachlich werden, beruhigen, auf den Punkt kommen, konzentrieren, nach dem für alle Beteiligten sinnvollen Weg suchen

Herkunft: Buddhismus

Anmerkungen: Diese Geste gehört zwar nicht traditionell zu Buddha Vairocana, aber paßt trotzdem gut zu ihm. Sie ist von ihrer Qualität her eine Kombination der Furchtlosigkeits-Geste des Buddha Amoghasiddhi und der Belehrungs-Geste des Buddha Vairocana.

Kartari

o) Kshapana

Beschreibung:

Symbolik/Zweck: Anrufung des Buddha Vairo-cana

Wirkungsweise: Verinnerlichung durch gefal-tete Hände; Aussendung durch die Zeigefinger

Name: Hier senden die beiden Mittelfinger das Luft-Element, also vor allem eine Belehrung aus. Die anderen Finger sind gefaltet, d.h. ihre Kräfte werden im eigenen Inneren versammelt.

Name: Dieses Mudra wird auch „Ksepana" und „Vollendung" genannt.

Herkunft: Indien

Anmerkungen: Der „Nektar der Unsterb-lichkeit" ist mit Soma amrita der Inder, dem Nektar ambrosia der Griechen, dem Göttermet der Germanen und Kelten, der Milch der Hathor bei den Ägyptern, dem Lebenselixier bei den Alchemisten in Europa und Indien usw. identisch. Es ist auch das Mudra von Gautama Buddha.

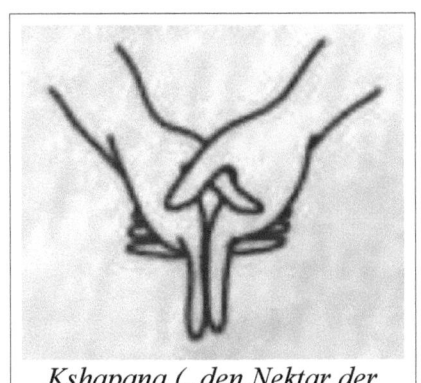

Kshapana („den Nektar der Unsterblichkeit aussenden")

p) Retsu

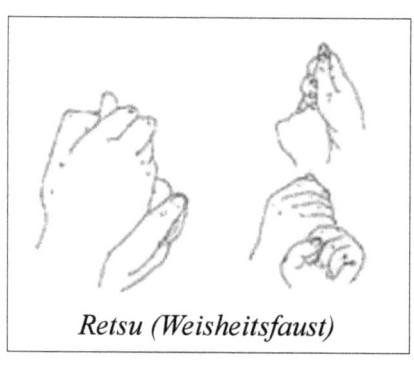

Retsu (Weisheitsfaust)

Beschreibung: linke Hand als Faust, linker Zeigefinger nach oben ausgestreckt; rechte Hand umfaßt den Zeigefinger, rechter Daumen am linken Zeigefinger

Symbolik/Zweck: Anrufung des Buddha Vairocana, der der Weisheits-Buddha ist; Suche nach Erkenntnissen

Wirkungsweise: Stärkung der Luft (Erkenntnisse) des linken Zeigefingers durch die neun anderen Finger

Herkunft: Indien, China

q) Buddha Ratnasambhava   (der fünfte Dhyani-Buddha)

Buddha Ratnasambhava

Beschreibung: Lotussitz; linke Hand im Schoß, Handfläche nach oben; rechte Hand mit dem Handrücken auf dem rechten Schienbein (Geste des Gebens)

Symbolik/Zweck: die Gabe des Buddha Ratnasambhava ist insbesondere die Belehrung und die Kraftübertragung bei der Einweihung; die drei Edelsteine („ratna"), die Buddha gibt, sind Buddha (das Vorbild), Dharma (die Lehre) und Sangha (die Mönchs-Gemeinschaft)

Wirkungsweise: Identifizierung mit Buddha Ratnasambhava

Herkunft: Buddhismus

r) Varadra

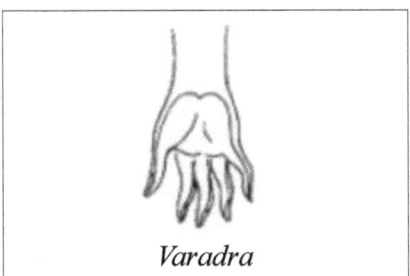

Varadra

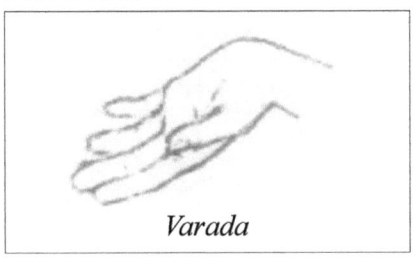

Varada

Beschreibung: Geste des Buddha Ratnasambhava

Symbolik/Zweck: etwas geben, insbesondere Belehrung und Kraftübertragung bei der Einweihung

Herkunft: Buddhismus

s) Varada (Medizin-Buddha)

*Medizin-Buddha
mit Varada-Mudra*

Beschreibung: die linke Hand hält ein Schale mit Heilkräutern in seinem Schoß; die rechte Hand hält eine Kugel aus Heilkräutern in einer gebenden Geste vor seinem rechten Schienbein

Symbolik/Zweck: Heilung

Wirkungsweise: Identifizierung mit mit dem Medizin-Buddha

Herkunft: Yoga

Anmerkungen: Varadra ist nicht nur das Mudra des Buddha Ratnasambhava, sondern auch das Mudra des Medizin-Buddhas, da auch er etwas gibt – im Gegensatz zu den „drei Edelsteinen" des Buddha Ratnasambhava gibt der Medizin-Buddha die Heilkräuter, die er in der Schale auf seiner linken Hand hält. Die beiden Buddha-Formen lassen sich anhand dieser Schale unterscheiden.

5. Sonstige buddhistische Gesten

a) Lotussitz

Lotussitz

Beschreibung: auf dem Boden sitzen, den linken Fuß auf den rechten Oberschenkel, dann den rechten Fuß auf die linke Wade und den linken Oberschenkel; die Haltung der Arme und Hände kann verschieden sein

Symbolik/Zweck: Diese Haltung stellt Konzentration und festen Halt dar. Möglicherweise symbolisiert sie auch die Isolierung der Fußchakren von der Erde, was das Kehren der Aufmerksamkeit nach innen erleichtern soll. Vermutlich heißt diese Haltung „Lotus", weil die Götter oft in dieser Haltung auf einer Lotusblüte dargestellt werden. Die Lotusblüte ist ein Symbol für die Sonnen oder die Seele, die aus der Wasser-Unterwelt zurückkehrt oder die aus dem schlammigen Wasser des Diesseits zu dem Licht der Erleuchtung im Jenseits gelangt.

Wirkungsweise: Förderung von Ruhe und Konzentration

Herkunft: indogermanisch (diese Haltung ist nicht nur von den Indern und Tibetern, sondern u.a. auch von den Germanen bekannt)

211

b) Vollendung

Vollendung

Beschreibung: Hände vor der Brust gekreuzt, die rechte ist vorn und hält einen Vajra, die linke Hand hält eine Glocke

Symbolik/Zweck: Die Glocke bzw. ihr Ton symbolisiert die Vergänglichkeit aller Dinge, der Vajra symbolisiert die Veränderlichkeit der Einheit hinter aller Vielheit. Dazu heißt es im Herz-Sumatra: „ Leere ist Form und Form ist Leere". In der Kabbala heißt es entsprechend: „Kether ist Malkuth und Malkuth ist Kether." Glocke, Form und Malkuth sind die erschaffene äußere Welt der Vielfalt der Materie; Vajra, Leere und Kether sind die innere, unveränderliche Welt der Einheit des Bewußtseins.

Wirkungsweise: Konzentration auf die Identität dieser beiden Seiten der Welt

Herkunft: Buddhismus

Anmerkungen: Mudra von Buddha Mahakala, Buddha Vajradhara und von den Dhyani-Buddhas, wenn sie zusammen mit ihrer Shakti abgebildet sind

c) Rin

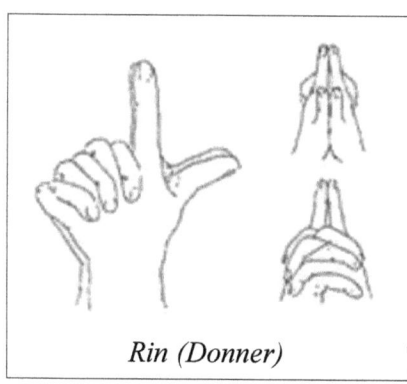

Rin (Donner)

Beschreibung: Hände falten, Zeigefinger aneinander und nach oben hin ausstrecken, Daumen aneinander und nach vorne hin ausstrecken

Symbolik/Zweck: Anrufung des Vaishravana

Wirkungsweise: Identifizierung mit Vaishravana

Herkunft: Indien, China

Anmerkungen: „Rin" ist das Mudra des Vaishravana. Diese Form des Buddha ist durch die Übertragung des hinduistischen Gottes Kubera in den Buddhismus entstanden. Er ist auch ein Kriegsgott, der Beschützer des Nordens und der Spender des Reichtums.

d) Drohung

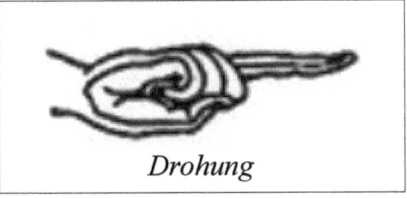

Drohung

Beschreibung: rechte Hand zur Faust geballt, ausgestreckter Zeigefinger

Symbolik/Zweck: Drohung, Aussenden von Lebenskraft, Fluch

Wirkungsweise: Aussenden von Lebenskraft

Herkunft: Yoga, Buddhismus, allgemein weit verbreitet

Anmerkungen: Mudra von Marici (ein weiblicher Bodhisattva)

e) Begrüßung

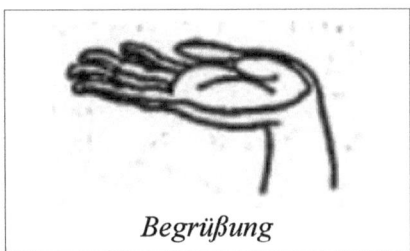

Begrüßung

Beschreibung: rechte Hand in Kopfhöhe, Finger nach außen, Handinnenfläche nach oben

Symbolik/Zweck: Begrüßung

Wirkungsweise: offene Hand = Freundlichkeit; Handfläche nach oben = vermutlich eine Bitte um einen Segen des Himmels

Herkunft: Yoga, Buddhhismus, auch anderswo bekannt (z.B. in Ägypten)

Anmerkungen: Mudra der beiden Vasudharas (zwei weibliche Bodhisattvas mit demselben Namen)

f) Sha

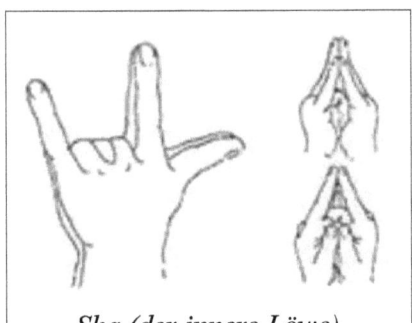

Sha (der innere Löwe)

Beschreibung: Hände falten; die beiden Daumen, die beiden Zeigefinger und die beiden Kleinen Finger jeweils aneinandergelegt und ausgestreckt

Symbolik/Zweck: rasche Hilfe durch den Vajra

Wirkungsweise: Festigkeit durch die gefalteten Finger; etwas aussenden durch die ausgestreckten Finger; Assoziation zu einem Löwen (Name der Geste)

Herkunft: Indien, China

213

g) Kai

Kai (die äußere Bindung)

Beschreibung: Hände falten, die Daumen nebeneinander und nach oben hin ausgestreckt
Symbolik/Zweck: Schutz durch den Vajra
Wirkungsweise: die gefalteten Hände geben Halt, die Daumen strahlen ihr Feuer aus
Herkunft: China

h) Milarepa

Milarepa

Beschreibung: Hand am Ohr wie beim Lauschen (Anspielung auf den Namen „Mila", der in etwa „Lauscher" bedeutet)
Symbolik/Zweck: Anrufung des Milarepa
Wirkungsweise: Identifizierung mit Milarepa
Herkunft: tibetischer Buddhismus
Anmerkungen: Milarepa ist der Nationalheilige von Tibet. Sein Lehrer Marpa brachte viele buddhistische Lehren nach Tibet und belebte den von Padmasambhava 300 Jahre zuvor nach Tibet gebrachten Buddhismus neu.

6. Tibet

a) Karana

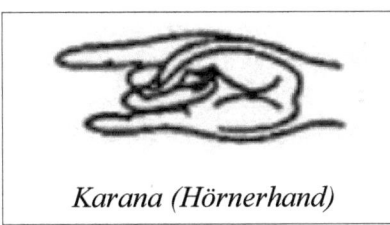

Karana (Hörnerhand)

Beschreibung: „Hörnerhand"; Zeigefinger und Kleiner Finger ausgestreckt, die anderen beiden Finger eingerollt, der Daumen neben dem Zeigefinger und dem eingerollten Mittelfinger

Symbolik/Zweck: in Indien und Tibet auch die Geste des Totengottes Yama sowie in Tibet die Geste der blauen Tara

Wirkungsweise: Assoziation zu der Wehrhaftigkeit eines Yaks – die „Hörnerhand" ist der Kopf mit den Hörnern eines Yaks).

Herkunft: Yoga, Buddhismus

7. Germanen

a) As-Rune

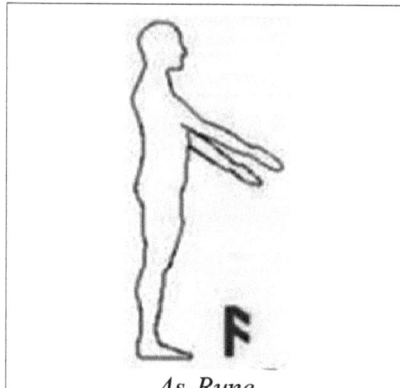

As-Rune

Beschreibung: aufrecht stehen; beide Arme nach vorne unten ausstrecken, den linken Arm etwas tiefer als den rechten

Symbolik/Zweck: ursprünglich: Ase, Fesseln lösen, Weisheit; heute: Anrufung der Asen

Wirkungsweise: Nachahmung der Form der Rune – Assoziation zu der Bedeutung „Ase" der Rune

Herkunft: Deutschland/Österreich um ca. 1880

Anmerkungen: Laut „a"; Name „ansuz" („Ase" = Gott)

b) As-Mudra

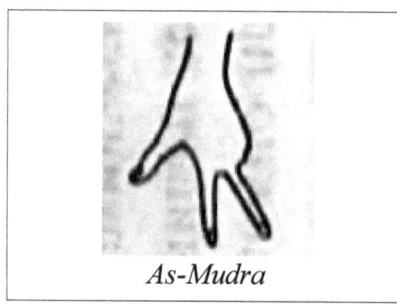

As-Mudra

Beschreibung: Daumen, Zeigefinger und Mittelfinger ausgestreckt, die beiden anderen Finger eingerollt, nach unten weisen

Symbolik/Zweck: Verstärkung der Ansuz-Rune

Wirkungsweise: Nachahmung der Form der Rune – Assoziation zu der Bedeutung der Rune.

Herkunft: Deutschland/Österreich um ca. 1880

216

c) Frigg

Beschreibung: Geste des Drehens einer Spindel (mit der rechten oberen Hand Wolle zupfen, mit der linken, unteren Hand die Spindel drehen)

Symbolik/Zweck: Anrufung der Frigg, der Freya und der drei Nornen

Wirkungsweise: Identifizierung mit Frigg/Freya/Norne

Herkunft: neu

Anmerkungen: Da Freya die nordgermanische Variante der südgermanischen Spindel-Göttin Frigg ist und die Nornen der verselbständigte Spinnerin-Aspekt der Frigg/Freya sind, kann die Spindel-Geste für Frigg, Freya und die Nornen verwendet werden. Das „Schwert" in dem Sternbild Orion wurde von den Germanen als „Friggs Spindel" bezeichnet – das Sternbild Orion ist von ihnen folglich als Frigg-Freya-Norne angesehen worden.

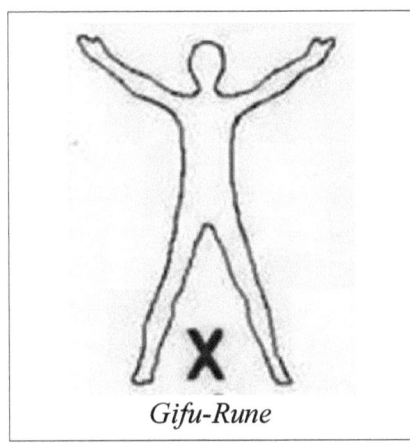

Freya-Statuette

d) Gifu-Rune

Beschreibung: aufrecht stehen, Beine leicht gespreizt, Arme seitlich nach oben

Symbolik/Zweck: ursprünglich: Geber, Gabe; Rune des Njörd, des Freyr und der Gefion; Liebeszauber; heute: Bitte um Wohlstand

Wirkungsweise: Nachahmung der Form der Rune – Assoziation zu der Bedeutung der Rune.

Herkunft: Deutschland/Österreich um ca. 1880

Anmerkungen: Laut „g"; Name „gifu" („Gabe, Geschenk; englisch: „gift"). „Gifu" bzw. „Gefion" ist ein Beiname der Frigg-Freya gewesen.

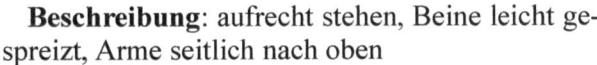

Gifu-Rune

217

e) Tyr-Rune

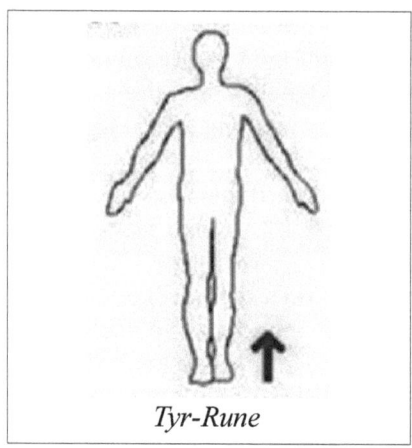

Tyr-Rune

Beschreibung: aufrecht stehen, Arme seitlich nach unten

Symbolik/Zweck: ursprünglich: Rune des ehemaligen Sonnengott-Göttervaters Tyr, Schwertweihe; Toten-Beschwörungen; heute: Anrufung des Tyr

Wirkungsweise: Nachahmung der Form der Rune – Assoziation zu der Bedeutung der Rune

Herkunft: Deutschland/Österreich um ca. 1880

Anmerkungen: Laut „t"; Name: „tiwaz, teiwaz, tiassi, tyr" (der ehemalige Sonnengott-Göttervater Tyr)

f) Tyr-Mudra

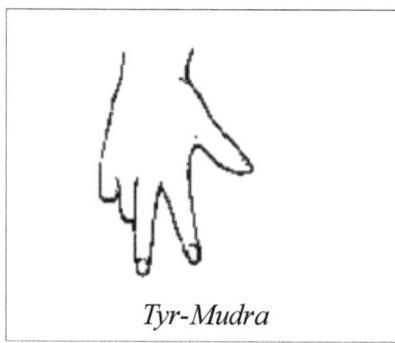

Tyr-Mudra

Beschreibung: Daumen, Zeigefinger und Mittelfinger nach unten hin in Nachahmung der Tyr-Rune ausstrecken

Symbolik/Zweck: Verstärkung der Wirkung der Tyr-Rune

Wirkungsweise: Nachahmung der Form der Rune – Assoziation zu der Bedeutung der Rune.

Herkunft: Deutschland/Österreich um ca. 1880

g) Odin

Odin (archäologischer Fund)

Beschreibung: aufrecht stehen, das rechte Auge schließen

Symbolik/Zweck: Anrufung des Odin

Wirkungsweise: Identifikation mit Odin

Herkunft: neu

Anmerkungen: Odins linkes Auge war blind. Mit seinem heilen Auge konnte der Schamanengott Odin im Diesseits sehen, mit seinem „toten" Auge konnte er im Totenreich, d.h. im Jenseits sehen.

h) Thor

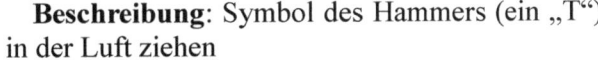

Beschreibung: Symbol des Hammers (ein „T") in der Luft ziehen

Symbolik/Zweck: den Schutz des Thor anrufen

Wirkungsweise: Assoziation zu Thor, Invokation des Thor

Herkunft: Germanen um ca. 900 n.Chr., evtl. auch schon früher

Thorshammer-Amulett

i) Heimdall

*Heimdall (Illustration aus dem
18. Jahrhundert)*

Beschreibung: mit der linken Hand die Augen beschatten und und die rechte Hand am Ohr wie beim Lauschen

Symbolik/Zweck: Invokation des Heimdall

Wirkungsweise: Assoziation mit Heimdall, Invokation des Heimdall

Herkunft: neu

Anmerkungen: Heimdall konnte alles auf der Erde sehen (Augen) und alles hören (Ohren).

8. Kelten

a) Dagda

vermutlich Dagda mit zwei Wolfs-Männern, Wolf und Flügelpferd; Kessel von Gundestrup, 400 v.Chr.

Dagda; moderne Statuette

Beschreibung: Geste des Harfe-Spielens: beide Arme nach vorne, Handflächen zur Mitte hin, die rechte Hand ist etwas weiter vorne/unten (Baß-Saiten) als die linke
Symbolik/Zweck: Anrufung des Sonnengott-Göttervaters Dagda
Wirkungsweise: Identifizierung mit Dagda
Herkunft: neu

b) Cernunnos

Cernunnos mit Torque-Halsring, (Kundalini-)Schlange und Tieren; Kessel von Gundestrup, 400 v.Chr.

Beschreibung: mit den Händen über den Ohren das Hirsch-Geweih nachahmen: die gespreizten Finger nach oben hin ausstrecken
Symbolik/Zweck: Anrufung des Cernunnos
Wirkungsweise: Identifizierung mit Cernunnos
Herkunft: neu

221

9. Tarot

a) Magier

Der MAGIER

Beschreibung: aufrecht, rechter Arm seitlich schräg nach oben, linker Arm seitlich schräg nach unten

Symbolik/Zweck: Erlangung der Initiative des Magiers sowie der durch diese Geste ausgedrückten Verbindung nach „oben", d.h. zu den Göttern und Ahnen

Wirkungsweise: Nachahmung der Gestalt auf der Tarot-Karte – Assoziation zu ihrer Bedeutung

Herkunft: späte Altsteinzeit (als Geste der Göttin); weit verbreitet

b) Herrscher

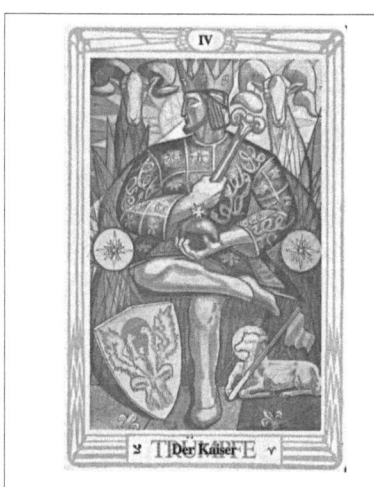

Der Kaiser

Beschreibung: sitzen, rechtes Schienbein quer über linkem Knie; linke Hand mit Reichsapfel und rechte Hand mit Szepter vor dem Bauch (Darstellung des alchemistischen Symbols für das „feurige" Element Schwefel: 🜍)

Symbolik/Zweck: Erlangung von Herrschaft – über sich selber, das eigene Leben oder andere

Wirkungsweise: Nachahmung der Gestalt auf der Tarot-Karte – Assoziation zu ihrer Bedeutung.

Herkunft: aus der Tarot-Tradition, aber von Crowley neu gestaltet; als Geste neu

222

c) Hohepriester

Beschreibung: aufrecht, rechte Hand hält ein Szepter, linke Hand segnet mit ausgestrecktem Zeigefinger und Mittelfinger

Symbolik/Zweck: belehren, segnen, einweihen

Wirkungsweise: Nachahmung der Gestalt auf der Tarot-Karte – Assoziation zu ihrer Bedeutung

Herkunft: aus der Tarot-Tradition, aber von Crowley neu gestaltet; als Geste neu

d) Eremit

Beschreibung: aufrecht, in der rechten Hand eine echte oder imaginierte Lampe halten, in der linken Hand einen echten oder imaginierten Stab halten

Symbolik/Zweck: Besinnung, etwas finden, Streben nach Weisheit

Wirkungsweise: Nachahmung der Gestalt auf der Tarot-Karte – Assoziation zu ihrer Bedeutung

Herkunft: Tarot-Tradition; die Haltung wird im „Adeptus Major"-Ritual des Golden Dawn verwendet

e) Schicksalsrad

Beschreibung: imaginativ ein Rad vor sich halten: die rechte Hand vor dem Hara, Handfläche nach oben; die linke Hand vor dem Herzchakra, Handfläche nach unten

Symbolik/Zweck: Akzeptieren von ständigen Veränderungen

Wirkungsweise: Nachahmung des Rades auf der Tarot-Karte – Assoziation zu ihrer Bedeutung

Herkunft: Tarot-Tradition; als Geste neu

f) Gerechtigkeit

Beschreibung: sitzen, die rechte Hand mit echtem oder imaginiertem erhobenem Schwert zur Seite vorn, die linke Hand mit echter oder imaginierter Waage zur Seite vorn

Symbolik/Zweck: Streben nach Gerechtigkeit

Wirkungsweise: Nachahmung der Gestalt auf der Tarot-Karte – Assoziation zu ihrer Bedeutung

Herkunft: Tarot-Tradition; weit verbreitet

g) Hängender

Beschreibung: hängend oder eher liegend; das linke Schienbein unter dem rechten Knie; die beiden Hände hinter dem Rücken zusammen

Symbolik/Zweck: Hingabe, Aufopferung, Selbstopfer, Bereitschaft zur Verwandlung und Heilung (Therapie-Karte)

Wirkungsweise: Nachahmung der Gestalt auf der Tarot-Karte – Assoziation zu ihrer Bedeutung.

Herkunft: Tarot-Tradition; Verwendung im Golden Dawn

Anmerkungen: Assoziation zu Odin am Weltenbaum und Christus am Kreuz; das Dreieck mit dem Kreuz darüber ist auch das Symbol des Golden Dawn

(siehe dazu auch das Kapitel „Chakren, allgemein: Sulphur")

h) Maß

Beschreibung: Geste des Gießens: die linke Hand gießt aus einem echten oder imaginierten Kelch Wasser in den echten oder imaginierten Kelch in der rechten Hand

Symbolik/Zweck: das rechte Maß, Maßhalten, Entwicklung, Verwandlung, Umgestaltung, Sorgfalt, Achtsamkeit

Wirkungsweise: Nachahmung der Gestalt auf der Tarot-Karte – Assoziation zu ihrer Bedeutung

Herkunft: Tarot-Tradition; als Geste neu

225

i) Teufel

Beschreibung: dieselbe Haltung wie der Magier, nur andere innere Ausrichtung

Symbolik/Zweck: Anrufung des Teufels

Wirkungsweise: Nachahmung der Gestalt auf der Tarot-Karte – Assoziation zu ihrer Bedeutung

Herkunft: Tarot-Tradition; Stamt aus der späten Altsteinzeit

Anmerkungen: Der Magier hält zwei Stäbe (Verbindung zu dem Bindhu-Licht oben und zu dem Kundalini-Feuer unten); der Teufel hält eine Fackel (Verbindung nur zu dem Kundalini-Feuer unten).

j) Welt

Beschreibung: tanzende Bewegung: das rechte Schienbein neben dem linken Knie, die beiden Arme seitlich nach unten gestreckt (Darstellung des alchemistischen Symbols für das „feurige" Element Schwefel: $\leftmoon$)

Symbolik/Zweck: Tanz, mit den Ereignissen fließen, Teil der Welt sein

Wirkungsweise: Nachahmung der Gestalt auf der Tarot-Karte – Assoziation zu ihrer Bedeutung

Herkunft: Tarot-Tradition; als Geste neu – sofern man diese Haltung nicht als das alchemistische Zeichen für Schwefel ansieht

Anmerkungen: Die Frau hält dieselben zwei Stäbe wie der Magier.

10. Weise

a) Plato

Plato (links)

Beschreibung: mit der rechten Hand mit dem Finger nach oben zeigen

Symbolik/Zweck: Hinweis auf die „Ideen" (Urbilder), aus denen Plato zufolge alle Dinge ihre Existenz erhalten

Wirkungsweise: Hinweis auf die Urbilder, auf die Götter, auf die Seelen; sie herbeirufen

Herkunft: das Gemälde „Die Schule von Athen" von Raffael

b) Aristoteles

Aristoteles (rechts)

Beschreibung: die rechte Hand mit angewinkeltem Arm nach vorne ausstrecken, Handfläche nach unten („bleib auf dem Boden")

Symbolik/Zweck: Beschränkung auf die sachliche Beschreibung der konkreten Dinge

Wirkungsweise: Förderung der Sachlichkeit

Herkunft: das Gemälde „Die Schule von Athen" von Raffael

J Gebets-Gesten

1. allgemein

a) Bitte um Hilfe

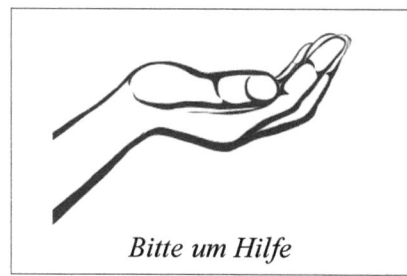

Bitte um Hilfe

Beschreibung: ein Arm ausgestreckt, die Hand leicht zur Schale gekrümmt

Symbolik/Zweck: Bitte um Speise, Almosen, Hilfe, Segen; auch gegenüber einer Gottheit

Wirkungsweise: Geste des vertrauensvollen Empfangens

Herkunft: weltweit, auch bei Primaten

Anmerkungen: Je nach der Haltung bedeutet diese Geste bitten oder geben. Beim Geben mit dieser Geste ist der Körper aufrechter und die Hand ist leicht nach vorne geneigt.

b) Bitte um große Hilfe

Bitte um große Hilfe

Beschreibung: wie zuvor, aber mit beiden Händen eine Schale bilden

Symbolik/Zweck/Wirkungsweise: mit den Handflächen im Bereich der Lebenskraft Kontakt aufnehmen

Herkunft: weltweit

Anmerkungen: Je nach der Haltung bedeutet diese Geste bitten oder geben. Beim Geben ist der Körper aufrechter und die Hand ist leicht nach vorne geneigt.

c) Pyō

Pyō
(Siegel des Großen Donners)

Beschreibung: Hände falten, Zeigefinger aneinander und nach oben hin ausstrecken, die beiden Mittelfinger um die Zeigefinger legen; die Daumen aneinander

Symbolik/Zweck: Förderung der Richtigkeit (im Einklang mit dem Tao sein)

Wirkungsweise: das Licht (Bewußtsein) der Mittelfinger lenkt die Luft (Bewegungen) der Zeigefinger

Herkunft: China

2. Ägypten

a) Bitte um Hilfe

Hieroglyphe für
„anrufen, herbeibitten"

Beschreibung: stehen, rechter Fuß etwas vorgesetzt, leicht vornüber gebeugt, den Kopf leicht geneigt, rechter Arm ausgestreckt, die Hand leicht zur Schale gekrümmt, linker Arm hängt leicht angewinkelt herab

Symbolik/Zweck: Bitte um Speise, Almosen, Hilfe, Segen; auch gegenüber einer Gottheit

Wirkungsweise: Geste des vertrauensvollen Empfangens

Herkunft: Ägypten (Hieroglyphe)

b) Anbeten

Hieroglyphe für
„verehren, anbeten"

Beschreibung: aufrecht stehen, rechter Fuß etwas vorgesetzt, Oberarme nach vorn, Unterarme nach vorne oben, Handflächen zu dem Angebeteten (ähnelt der Fa-Rune)

Symbolik/Zweck/Wirkungsweise: mit den Handflächen im Bereich der Lebenskraft Kontakt aufnehmen

Herkunft: Ägypten (Hieroglyphe)

3. Indien

a) Verehrungsgeste

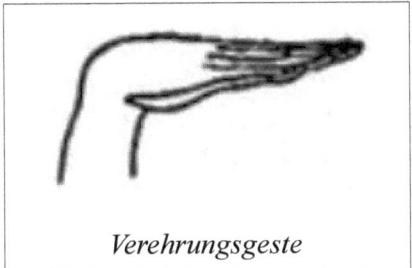

Verehrungsgeste

Beschreibung: Arm in Schulterhöhe, Handinnenfläche nach unten, Fingen nach außen gestreckt
Symbolik/Zweck: Verehrung
Wirkungsweise: unklar
Herkunft: Yoga
Anmerkungen: Mudra des Namasangiti (eine Form des Buddha Avalokiteshvara)

b) Zeit

Kalesvara (Zeit)

Beschreibung: an beiden Hände die drei mittleren Finger gekrümmt und an die Finger der anderen Hand gelegt; Daumen und Kleiner Finger abgespreizt und gerade und ebenfalls aneinander gelegt
Symbolik/Zweck: beruhigend, befreit von Gedankenkreisen und melancholischem „Brüten", befreit von Süchten
Wirkungsweise: Schaffung eines Innenraumes
Herkunft: Yoga

c) Konzentration

Hakini (Konzentration)

Beschreibung: beide Hände mit den Spitzen der gespreizten Finger aneinander

Symbolik/Zweck: Konzentration, Kreativität, Denken, Planen, freier atmen (diese Geste nimmt man manchmal auch unwillkürlich ein, um sich besser konzentrieren zu können – u.a. wird dies auch von Professor Dumbledore beschrieben); Verbindung mit dem Dritten Auge (Ajna Chakra)

Wirkungsweise: Schaffung eines Innenraumes

Herkunft: Yoga

d) Meditation

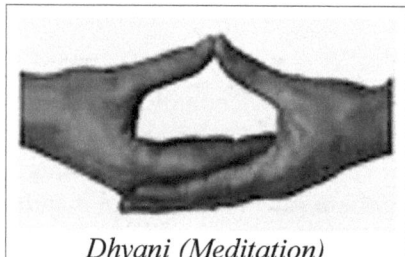

Dhyani (Meditation)

Beschreibung: die rechten Finger liegen auf den linken Fingern, die Daumen sind leicht nach oben gebogen und berühren sich mit den Spitzen; bei der Meditation liegen die Hände in dieser Haltung im Schoß

Symbolik/Zweck: Loslassen, innere Ruhe, Meditation, beruhigt die Sinne; Geste des Buddha Amitabha; Invokation des Buddha Amitabha

Wirkungsweise: Die Stärke der linken Hand wird von der Weisheit der rechten Hand getragen; das Feuer des Daumens wird nach oben gerichtet (Aufsteigen der Kundalini)

Herkunft: Yoga, Buddhismus

e) Shramana

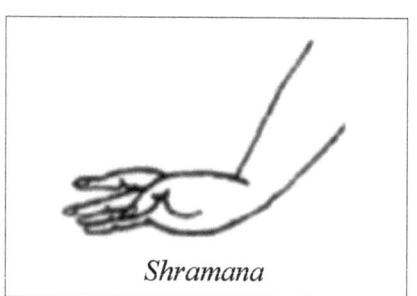

Shramana

Beschreibung: Arm nach unten, Handfläche nach unten, Daumen leicht nach unten hin abgespreizt

Symbolik/Zweck: Loslassen, „Geste der Askese"

Wirkungsweise: Geste des Loslassens

Herkunft: Yoga

4. Juden

a) Leviten-Gruß

Leviten-Geste

Beschreibung: Kleiner Finger und Ringfinger liegen zusammen, Zeigefinger und Mittelfinger liegen zusammen – dieses Paare bilden durch Spreizen ein „V" zu dem durch den abgespreizten Daumen noch ein dritter „Strahl" hinzukommt

Symbolik/Zweck: Diese Geste stellt den hebräischen Buchstabe „Shin" (‎ש‎) dar, der das „Feuer" symbolisiert, das in etwa dem Heiligen Geist im Christentum entspricht. Diese Geste wird bei der Segnung durch den Leviten (Priester) verwendet, also durch ein Mitglied des Stammes Levi. Die Männer dieses Stammes dürfen als einzige „die Leviten lesen", also Priester werden. Der Segen wird durch das V-förmige Emporheben der Hände mit den Handflächen zur Gemeinde und mit der Shin-Geste mit beiden Händen ausgeführt. Das Shin ist der Anfangsbuchstabe des Gottesnamen „Shaddai" (Mächtiger), aber er wird vermutlich auch das „Gottesfeuer", das z.B. der Prophet Elias gerufen hat und das beim Pfingstfest gekommen ist, darstellen.

Wirkungsweise: Symbolisierung des Buchstaben „Shin" (‎ש‎); Konzantration auf die Assoziation zu diesem Buchstaben

Herkunft: Judentum

Anmerkungen: Diese Segensgeste wurde durch Mr. Spock in der Serie „Enterprise" als Vulkanier-Gruß weithin bekannt.

5. Christen

a) Bekreuzigen

bekreuzigen

Beschreibung: auf Stirn, Schultern und Brust ein Kreuz ziehen; es werden verschiedene Weisen verwendet
Symbolik/Zweck: Bitte um Christi Segen
Wirkungsweise: Anrufung Christi
Herkunft: Christentum

b) Segnen

Segnung

Beschreibung: Arme erheben, Handflächen nach vorne
Symbolik/Zweck: Segnen
Wirkungsweise: Aussenden von Lebenskraft durch die Handchakren
Herkunft: weltweit

c) Anbetung

Orante

Beschreibung: Unterarme nach unten oder waagerecht zur Seite, Unterarme nach oben; Handflächen nach vorne oder nach oben

Symbolik/Zweck: Gebetshaltung (entspricht der Hieroglyphe für „anbeten")

Wirkungsweise: Kontaktaufnahme im Bereich der Lebenskraft mithilfe der Handchakren

Herkunft: Ägypten, Christentum u.a.

Anmerkungen: Diese Geste wird im Chritstentum „Orant", d.h. „Betender" genannt. Diese Geste war im frühen Christentum weit verbreitet.

d) Kreuzzeichen

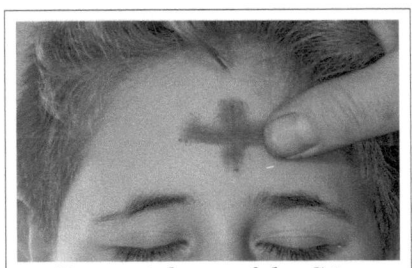

Kreuzzeichen auf der Stirn

Beschreibung: mit dem Daumen (evtl. Asche am Daumen) Kreuz auf Stirn ziehen

Symbolik/Zweck: Bitte um Christi Segen

Wirkungsweise: Anrufung Christi

Herkunft: Christentum

6. Islam

a) Niederknien

Gebetshaltung

Beschreibung: Gebetshaltung auf dem Gebets-
teppich: stehen – vorbeugen – Stirn auf den Boden
– auf den Schienbeinen sitzen

Symbolik/Zweck/Wirkungsweise: Unterordnung unter Allah

Herkunft: Islam

K Sonstiges

1. Gefühle

Diese Gesten sind zum größten Teil von den Ägyptern benutzt worden, um die betreffende Stimmung o.ä. auszudrücken. Diese Gesten sind daher auch als Determinativ für die betreffenden Worte verwendet worden. Ein „Determinativ" ist eine erläuternde Hieroglyphe, die den Hieroglyphen, die für Buchstaben oder Silben stehen, ergänzend nachgestellt wird.

a) Freude, Tanz

Tanz, Freude

Beschreibung: auf dem linken Bein stehen; das rechte Bein leicht nach hinten versetzt, nur den rechten Fußballen auf dem Boden; linker Oberarm zur Seite, linker Unterarm nach oben; rechter Unterarm seitlich nach unten, linke Hand vor der Brust

Symbolik/Zweck/Wirkungsweise: Ausdruck von Freude; Tanzen

Herkunft: ägyptische Hieroglyphe für „Freude" und „tanzen"

b) Erschöpfung

Erschöpfung, Loslassen

Beschreibung: mit dem Hintern auf der linken Ferse, linkes Knie vorn; rechter Fuß vor dem linken Knie auf dem Boden aufgesetzt; beide Arme seitlich nach unten ausgestreckt

Symbolik/Zweck/Wirkungsweise: Loslassen

Herkunft: ägyptische Hieroglyphe für „Erschöpfung" und „Loslassen"

2. Tätigkeiten

a) Erbauen

mauern, bauen, errichten

Beschreibung: rechter Arme oben an etwas dran, linker Arm unten an etwas dran

Symbolik/Zweck: etwas aufbauen, befestigen, errichten, konstruieren

Wirkungsweise: symbolische Darstellung

Herkunft: ägyptische Hieroglyphe für „bauen" u.ä. Tätigkeiten

b) Einsatz

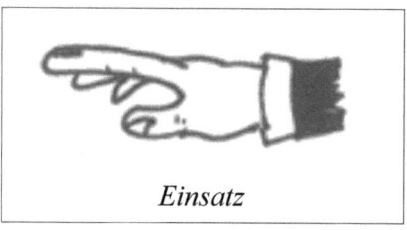

Einsatz

Beschreibung: mit ausgestreckter Hand auf jemanden zeigen, die Finger sind leicht gespreizt, der Zeigefinger ist gerade, die anderen vier Finger leicht gesenkt

Symbolik/Zweck: Hinweis

Herkunft: Dirigieren

c) Leiser

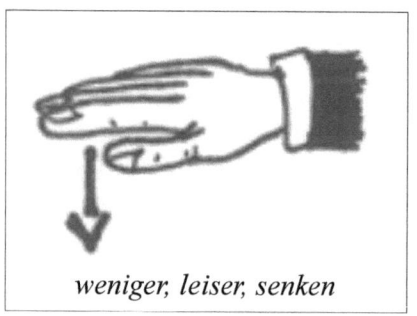

weniger, leiser, senken

Beschreibung: locker gehaltene Hand mit der Handfläche nach unten senken

Symbolik/Zweck: Hinweis – leiser werden

Herkunft: Dirigieren

d) Lauter

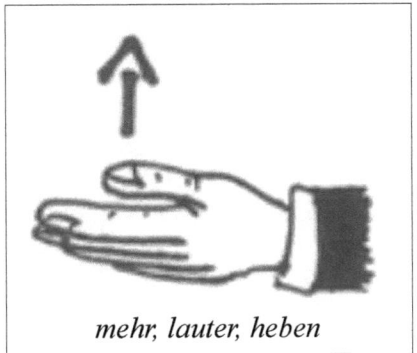

mehr, lauter, heben

Beschreibung: locker gehaltene Hand mit der Handfläche nach oben heben
Symbolik/Zweck: Hinweis – lauter werden
Herkunft: Dirigieren

e) Pause

Pause

Beschreibung: linke Hand leicht erhoben, rechte Hand zur Faust geballt, Daumen und Kleiner Finger ausgestreckt
Symbolik/Zweck: Hinweis – Pause
Herkunft: Dirigieren

3.   Gruppen-Gesten

a) Kreis

Druiden-Kreis in Stonehenge
(Neuzeit)

Beschreibung: im Kreis sitzen oder stehen, evtl. an den Händen halten

Symbolik/Zweck/Wirkungsweise: Verbindung der Einzelnen zu einer Gemeinschaft; Konzentration auf das gemeinsame Thema, das sich evtl. real oder imaginiert in der Mitte des Kreises befindet

Herkunft: weit verbreitet und sehr alt

b)   gemeinsame Handlung

christliche Messe

Beschreibung: gemeinsam auf etwas blicken, die Arme zu etwas emporheben, gleicher Gruß usw.

Symbolik/Zweck/Wirkungsweise: Koordination der Aufmerksamkeit und evtl. auch der Ausrichtung des Willens und der Imagination

Herkunft: weit verbreitete Form in Kult und Magie

c) Beifall

standing ovations

Beschreibung: Beifall, „standing ovations"

Symbolik/Zweck/Wirkungsweise: Zustimmung, Begeisterung

Herkunft: vermutlich Europa

Anmerkungen: ähnelt dem früher üblichen sich-Erheben, wenn eine Autorität den Raum betritt

d) gemeinsame Segnung

*Sakophag mit je einer schüt-
zenden Göttin an den Ecken*

Beschreibung: die beteiligten Magier o.ä. richten sich gemeinsam auf den oder das aus, was
gesegnet werden soll; dabei stehen die Beteiligten
Magier oft im Kreis und der, der gesegnet werden
soll, in der Mitte des Kreises; dabei kann z.B. mit
der linken Hand ein Ankh waagerecht nach vorne
gehalten werden und mit der rechten Hand ein
Stab oder Szepter schräg nach vorne oben gehalten werden

Symbolik/Zweck/Wirkungsweise: Segnung,
Schutz

Herkunft: bereits aus dem alten Ägypten bekannt, wo z.B. vier Göttinnen mit
dieser Geste den Sarkophag beschützen

e) Finger-Pentagramm

Finger-Pentagramm

Beschreibung: fünf im Kreis stehende Personen
strecken ihre rechte Hand zur Mitte hin aus;
Zeigefinger und Mittelfinger sind gespreizt; Daumen, Ringfinger und Kleiner Finger sind eingerollt; die V-förmig gespreizten Finger der fünf
Personen werden mit den Fingerspitzen aneinandergelegt, sodaß sich aus den fünf „V" ein Pentagramm bildet

Symbolik/Zweck/Wirkungsweise: Rufen der
Pentagramm-Qualität; evtl. als gemeinsame Anru-
fung eines der fünf Elemente durch das Singen des Elemente-Namens o.ä.

Herkunft: Maurizio Cattelan (allerdings nur als Kunstwerk und nicht als Magie
gedacht)

f) Finger-Hexagramm

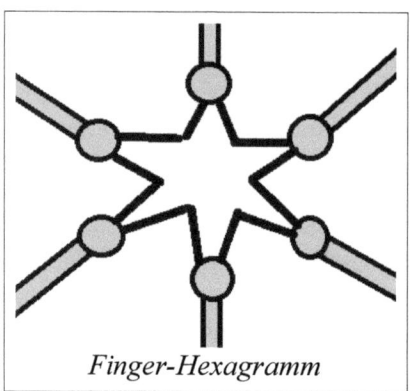

Finger-Hexagramm

Beschreibung: wie zuvor, aber mit sechs Personen

Symbolik/Zweck/Wirkungsweise: Rufen der Hexagramm-Qualität; evtl. als gemeinsame Anrufung eines Planeten durch das Singen des Planeten-Namens o.ä.

Herkunft: neu

4. Buchstaben-Gesten

Es gibt einige Systeme, die Buchstaben durch Gesten darstellen. Da diese Gesten jedoch vor allem die Buchstaben selber und nur in begrenztem Maße auch bestimmte Qualitäten darstellen, sind sie nur in eingeschränktem Maße für die Magie brauchbar.

- Am bekanntesten ist sicherlich die „Schul-Geheimsprache", in der z.B. drei Finger der einen Hand in der Handfläche der anderen Hand ein „m", zwei Finger ein „n" und ein Finger ein „r" darstellen.

- Die Buchstaben des altenglischen Systems der Ogham-Schrift wurde der Überlieferung zufolge manchmal auch durch Finger-Gesten ausgedrückt. Dies Gesten für die einzelnen Buchstaben sind jedoch nicht überliefert worden.

- Die Haltungen, die der Form der Runen nachgebildet worden sind, wirken dadurch, daß bei diesen Haltungen bestimmte Chakren im Zentrum liegen und daher besonders angeregt werden.

- In der Eurythmie, die ca. 40 Jahre nach der Entstehung der Runen-Haltungen entwickelt worden ist, werden u.a. auch die Buchstaben durch bestimmte Haltungen dargestellt. Dabei werden diese Buchstaben als Illustration der Qualitäten der Buchstaben aufgefaßt und könnten daher evtl. auch in der Magie verwendet werden.

- Schließlich gibt es noch die Buchstaben-Übungen, die u.a. von Sebottendorf entwickelt worden sind. Sie bestehen aus Gesten des Schneidens, die eine sehr gründliche Reinigung der eigenen Psyche und somit auch eine intensive Begegnung mit dem eigenen Schatten bewirken. Da dies keine lose Sammlung einzelner Gesten, sondern ein System ist, das man als Ganzes verwenden sollte, damit es wirksam ist, wird es hier nicht ausführlicher beschrieben.

5. Musik

Auch in der Musik gibt es Gesten, Haltungen, Mimiken, Bewegungen, Bewegungs-weisen usw., die bei Bedarf auch in der Magie verwendet werden können.

a) Silentium

Ruhe!

Symbolik/Zweck: insbesondere für Yoga-Retreats und zur Begleitung von Zen-Meditationen geeignet
Herkunft: Wilhelm Busch, 1865

b) Introduzione

Einführung, Eröffnung

Symbolik/Zweck: Eröffnung eines Rituals
Herkunft: Wilhelm Busch, 1865

c) Scherzo

leicht, fröhlich, locker, scherzend

Symbolik/Zweck: für Venus- und Merkur-Rituale

Herkunft: Wilhelm Busch, 1865

d) Adagio

aufbauend, andächtig, innig

Symbolik/Zweck: für Jupiter-Rituale und für angehende Priester

Herkunft: Wilhelm Busch, 1865

e) Adgio con Sentimento

melancholisch, traurig

Symbolik/Zweck: für Mond-Rituale, aber auch für Neptun-Anrufung (sollte aus naheliegenden Gründen nicht zu oft verwendet werden)

Herkunft: Wilhelm Busch, 1865

245

f) Piano

leise, lauschend

Symbolik/Zweck: ist hauptsächlich für die Beendigung von Zen-Meditationen und Reiki-Behandlungen in Gebrauch
Herkunft: Wilhelm Busch, 1865

g) Smorzando

mit viel Gefühl!

Symbolik/Zweck: wie „Adagio con Sentimento" ebenfalls für Mond- und Neptun-Rituale gebräuchlich, aber eher träumerisch und sphärisch-abgehoben
Herkunft: Wilhelm Busch, 1865

h) Maestoso

majestätisch

Symbolik/Zweck: für die Eröffnung von Einweihungsritualen, Tempel-Weihungen und für das Jahrestreffen der Eurythmistinnen, die Rudolf Steiner noch persönlich gekannt haben
Herkunft: Wilhelm Busch, 1865

i) Capriccioso

kapriziös, verspielt

Symbolik/Zweck: für Merkur- und Uranus-Anrufungen
Herkunft: Wilhelm Busch, 1865

j) Passagio chromatico

unerwartet, neu, vielfältig

Symbolik/Zweck: als Hintergrundmusik für Trickster-Invokationen (Loki, Iktomi, Ananse, Uranus usw.)
Herkunft: Wilhelm Busch, 1865

k) Fuga del Diavolo

teuflisch

Symbolik/Zweck: wahlweise für Schwarze Messen, für Evokationen des eigenen Schattens und Djöd-Rituale
Herkunft: Wilhelm Busch, 1865

l) Forte vivace

laut

Symbolik/Zweck: Mars-Anrufungen
Herkunft: Wilhelm Busch, 1865

m) Fortissimo vivacissimo

heftig

Symbolik/Zweck: Pluto-Anrufungen
Herkunft: Wilhelm Busch, 1865

n) Finale furioso

nicht zum Aushalten

Symbolik/Zweck: ausschließlich für die Weihung eines Magus zum Ipsissimus vorbehalten
Herkunft: Wilhelm Busch, 1865

o)   Bravo bravissimo

Begeisterung

Symbolik/Zweck: das erwünschte Ende eines jeden Rituals und einer jeden Meditation
Herkunft: Wilhelm Busch, 1865

Bücher von Harry Eilenstein

- The Synthesis of Physics and Magic (192 p.)	- Money Magic for Beginners (60 p.)
- Telepathy for Beginners (60 p.)	- Magic Objects for Beginners (64 p.)
- Telepathy for Advanced Learners (52 p.)	- Shamanism for Beginners (52 p.)
- Telekinesis for Beginners (56 p.)	- Chakra-Magic for Beginners (148 p.)
- Life Force for Beginners (76 p.)	- Language of the Moon – for Beginners (128 p.)
- Kundalini for Beginners (104 p.)	- Self Knowledge for Beginners (60 p.)
- Astral Projection for Beginners (60 p.)	- Da'ath-Magic for Beginners (64 p.)
- Meditation for Beginners (60 p.)	- Astrology for Beginners (112 p.)
- Prophecy for Beginners (60 p.)	- Number Symbolism for Beginners (64 p.)
- Ritual Magic for Beginners (64 p.)	- Mandalas for Beginners (76 p.)
- Magic Chant for Beginners (108 p.)	- Crop Circles for Beginners (344 p.)
- Invocations for Beginners (52 p.)	- Feng Shui for Beginners (96 p.)
- Evocations for Beginners (62 p.)	- Magic Research for Beginners (140 p.)
- Auto-Movement for Beginners (60 p.)	
- Elves for Beginners (56 p.)	- Magic for Beginners – Anthology I (636 p.)
- Hypnosis for Beginners (56 p.)	- Magic for Beginners – Anthology II (616 p.)
- Love Magic for Beginners (52 p.)	- Magic for Beginners – Anthology III (684 p.)
	- Magic for Beginners – Anthology IV (580 p.)

Religion allgemein
- Die sieben Schritte des Lebens (428 S.)
- Muttergöttin und Schamanen (168 S.)
- Totempfähle (440 S.)
- Der Urriese (168 S.)

Jungsteinzeit
- Göbekli Tepe (472 S.)
- Die Göttin von Göbekli Tepe (144 S.)

Ägypten
- Hathor und Re 1: Götter und Mythen im Alten Ägypten (432 S.)
- Hathor und Re 2: Die altägyptische Religion – Ursprünge, Kult und Magie (396 S.)
- Isis (508 S.)

Christentum
- Christus (60 S.)
- Die Biographie des Teufels (144 S.)

Indogermanen
- Die Entwicklung der indogermanischen Religionen (700 S.)
- Wurzeln und Zweige der indogermanischen Religion (224 S.)

Griechen
- Pan (336 S.)
- Poseidon (668 S.)

Inder
- Dakini (80 S.)
- Vajra (76 S.)

Germanen
- Die Götter der Germanen (87 Bände – siehe nächste Seite)
- Odin (300 S.)

Kelten
- Cernunnos (690 S.)
- Taliesin (228 S.)
- Der Kessel von Gundestrup (220 S.)
- Der Chiemsee-Kessel (76)

Psychologie
- Über die Freude (100 S.)
- Das Geheimnis des inneren Friedens (252 S.)
- Das Beziehungsmandala (52 S.)
- Gefühle und ihre Verwandlungen (404 S.)
- einsgerichtet (140 S.)
- Liebe und Eigenständigkeit (216 S.)
- Von innerer Fülle zu äußerem Gedeihen (52 S.)

Heilung
- Die Symbolik der Krankheiten (76 S.)

Kunst
- Herz des Tanzes – Tanz des Herzens (160 S.)

Drama
- König Athelstan (104 S.)

"Magie für Anfänger"	Magie
- Telepathie für Anfänger (60 S.)	- Handbuch für Zauberlehrlinge (408 S.)
- Telepathie für Fortgeschrittene (52 S.)	- Tarot (104 S.)
- Telekinese für Anfänger (52 S.)	- Physik und Magie (184 S.)
- Lebenskraft für Anfänger (60 S.)	- Die Synthese von Physik und Magie (200S.)
- Meditation für Anfänger (56 S.)	- Die Magie-Formel (156 S.)
- Kundalini für Anfänger (100 S.)	- Schwarze Löcher in der Magie (56 S.)
- Hypnose für Anfänger (56 S.)	- Krafttiere – Tiergöttinnen – Tiertänze (112 S.)
- Auto-Movement für Anfänger (56 S.)	- Schwitzhütten (524 S.)
- Chakra-Magie für Anfänger (148 S.)	- Mythen und Magie der Harfe (116 S.)
- Astralreisen für Anfänger (56 S.)	- Drei Adeptus Major Rituale (192 S.)
- Astrologie für Anfänger (120 S.)	**Meditation**
- Silberschnüre für Anfänger (52 S.)	- Der Lebenskraftkörper (230 S.)
- Ritual-Magie für Anfänger (56 S.)	- Die Chakren (100 S.)
- Mandalas für Anfänger (68 S.)	- Das Chakren-System mit den Nebenchakren
- Geldzauber für Anfänger (56 S.)	(296S.)
- Liebeszauber für Anfänger (52 S.)	- Organe und Chakren (64 S.)
- Invokationen für Anfänger (52 S.)	- Die platonischen Körper in den Chakren (156
- Evokationen für Anfänger (60 S.)	S.)
- Geister für Anfänger (52 S.)	- Meditation (140 S.)
- Elfen für Anfänger (56 S.)	- Drachenfeuer (124 S.)
- Magie-Forschung für Anfänger (140 S.)	- Kundalini I (676 S.)
- Selbsterkenntnis für Anfänger (52 S.)	- Kundalini II (672 S.)
- Drogen-Kabbala für Anfänger (216 S.)	- Reinkarnation (156 S.)
- Zahlensymbolik für Anfänger (60 S.)	- einsgerichtet (140 S.)
- Die Sprache des Mondes – für Anfänger (116 S.)	**Astrologie**
- Zaubergesänge für Anfänger (100 S.)	- Astrologie (496 S.)
- Zukunftschau für Anfänger (60 S.)	- Photo-Astrologie (428 S.)
- Schamanismus für Anfänger (52 S.)	- Die astrologischen Aspekte (88 S.)
- Magische Gegenstände für Anfänger (68 S.)	- Horoskop und Seele (120 S.)
- Magie-Gesten für Anfänger (252 S.)	**Kabbala**
- Da'ath-Magie für Anfänger (64 S.)	- Kursus der praktischen Kabbala (150 S.)
- Kornkreise für Anfänger (348 S.)	- Eltern der Erde (450 S.)
- Feng Shui für Anfänger (96 S.)	- Blüten des Lebensbaumes:
- Magie für Anfänger – Sammelband I (696 S.)	- Die Struktur des kabbalistischen
- Magie für Anfänger – Sammelband II (664 S.)	Lebensbaumes (370 S.)
- Magie für Anfänger – Sammelband III (580 S.)	- Der kabbalistische Lebensbaum als
"Traumreisen"	Forschungshilfsmittel (580 S.)
- Traumreisen zu Heilpflanzen (700 S.)	- Der kabbalistische Lebensbaum als
	spirituelle Landkarte (520 S.)
Eilenstein, Frater V.D., Knecht, Büdenbender	**Büdenbender, Eilenstein**
- Magie heute – Berichte aus der Praxis (288 S.)	- Chaos, Alk und Magic (436 S.)
- Living Magic (261 p.)	

Die Themen der 87 Bände der Reihe „Die Götter der Germanen"